A EQUAÇÃO DO MILAGRE

Hal Elrod

Fé inabalável
+ Esforço extraordinário =

A EQUAÇÃO DO MILAGRE

As duas atitudes que elevam seus maiores objetivos
de possíveis a prováveis e a inevitáveis

Tradução
Patricia Azeredo

1ª edição

Rio de Janeiro | 2019

CIP-BRASIL. CATALOGAÇÃO NA PUBLICAÇÃO
SINDICATO NACIONAL DOS EDITORES DE LIVROS, RJ

E43e   Elrod, Hal
      A equação do milagre / Hal Elrod; tradução Patricia Azeredo. – 1ª ed. – Rio de Janeiro: Best Seller, 2019.

      Tradução de: The Miracle Equation
      ISBN 978-85-7684-335-1

      1. Técnicas de autoajuda. 2. Autorrealização (Psicologia). I. Azeredo, Patricia. II. Título.

                         CDD: 158.1
19-59320   CDU: 159.947.2

Meri Gleice Rodrigues de Souza – Bibliotecária CRB-7/6439

Texto revisado segundo o novo Acordo Ortográfico da Língua Portuguesa.

Título original norte-americano
THE MIRACLE EQUATION

Copyright © 2019 Hal Elrod International, Inc.
Copyright da tradução © 2019 by Editora Best Seller Ltda.

Design de capa: Renata Vidal

Todos os direitos reservados. Proibida a reprodução,
no todo ou em parte, sem autorização prévia por escrito da editora,
sejam quais forem os meios empregados.

Direitos exclusivos de publicação em língua portuguesa para o Brasil
adquiridos pela
Editora Best Seller Ltda.
Rua Argentina, 171, parte, São Cristóvão
Rio de Janeiro, RJ 20921-380
que se reserva a propriedade literária desta tradução

Impresso no Brasil

ISBN 978-85-7684-335-1

Seja um leitor preferencial Record.
Cadastre-se no site www.record.com.br e receba informações
sobre nossos lançamentos e nossas promoções.

Atendimento e venda direta ao leitor
sac@record.com.br

Este livro é dedicado às pessoas que são donas do meu coração e fazem o meu mundo girar: minha família.

Ursula, minha esposa para a vida inteira, seu amor e apoio me permitem fazer tudo o que faço (incluindo este livro). **Eu adoro você.**

Sophie e Halsten, vocês são meus milagres favoritos. Tenho a missão de ser o melhor pai que puder para vocês.

Amo vocês mais do que eu (ou qualquer outro autor) poderia expressar em palavras.

SUMÁRIO

INTRODUÇÃO		9
CAPÍTULO 1	Como tirar o mistério dos milagres	15
CAPÍTULO 2	De impossível... a improvável... a inevitável	29
CAPÍTULO 3	O conflito humano inerente	47
CAPÍTULO 4	Como ser emocionalmente invencível	67
CAPÍTULO 5	Um novo paradigma de possibilidades	87
CAPÍTULO 6	A missão	101
CAPÍTULO 7	Primeira decisão: *fé inabalável*	125
CAPÍTULO 8	Segunda decisão: *esforço extraordinário*	143
CAPÍTULO 9	Como manter os milagres	161
CAPÍTULO 10	O desafio de *A Equação do Milagre* para mudança de vida em trinta dias	177
CONCLUSÃO		189
AGRADECIMENTOS		193

Introdução

ANTES DE COMEÇAR

Errei feio no meu último livro, *O milagre da manhã*.

O objetivo era *mudar um milhão de vidas, uma manhã por vez,* e eu o levei a sério. Foram necessários mais de um ano e meio de promoção incessante para pegar o embalo e mais de cinco anos para alcançar esse objetivo, mas o livro acabou chegando às mãos de mais de um milhão de pessoas que precisavam dele. Para chegar lá, fui ouvido em centenas de podcasts, fiz mais de uma dúzia de entrevistas na televisão, enchi minha agenda de palestras e criei uma comunidade no Facebook para interagir diretamente com os leitores, tudo para acender uma luz diante de quem procurava se aperfeiçoar em uma prática diária de desenvolvimento pessoal simples e altamente eficaz.

Para quem olhava de fora, parecia que eu tinha conquistado esse objetivo. Se você está entre as pessoas (mais de um milhão) que leram aquele livro, se entrou na comunidade *The Miracle Morning* no Facebook ou foi influenciado por alguém que fez uma dessas atividades, talvez esteja se perguntando: *Como pode um livro e uma mensagem que alcançaram (e aparentemente ajudaram) tantas pessoas não serem considerados um sucesso?* Eu sei. Levei um tempo para aceitar essa perspectiva. Afinal, de acordo com todos os parâmetros, eu tinha atingido a minha meta.

O *Milagre da manhã* agora é praticado diariamente por centenas de milhares de pessoas em mais de cem países. Recebo mensagens todos os dias com histórias de recuperações milagrosas em termos de saúde (de sobreviventes de câncer a vítimas de acidentes) muitos quilos perdidos,

10 A EQUAÇÃO DO MILAGRE

livros escritos e novas empresas abertas. As pessoas se mudaram, viajaram e encontraram o amor. Em linhas gerais, *O milagre da manhã* ajudou incontáveis pessoas a descobrir e compartilhar seus dons singulares, tornando o mundo melhor para todos nós.

Essas vitórias enchem o meu coração com uma gratidão imensa.

Mesmo assim, algo estava me incomodando desde a publicação do livro, em 2012. Embora a prática diária e comprometida voltada para o desenvolvimento pessoal permita desenvolver as qualidades e características internas necessárias para conquistar tudo o que você deseja, ela na verdade não gera resultados. É apenas metade da equação, digamos assim. Você pode meditar todos os dias, ler livros de desenvolvimento pessoal, obter clareza ao escrever um diário e se transformar na pessoa mais bem-informada, confiante e preparada que conseguir, e depois não fazer nada. De que adianta?

Talvez esse cenário pareça familiar. Suas estantes estão transbordando com mais sabedoria do que você consegue ler? Você é frequentador assíduo de palestras e workshops do tipo "como transformar sua vida"? Ainda assim, tem a sensação de que algo está faltando. Os resultados não aparecem. A conta bancária não está como você gostaria. O relacionamento pessoal que você esperava ser tão gratificante não é. Talvez você esteja com dificuldade para começar ou construir uma empresa, encontrar uma carreira que lhe agrade ou apenas encontrar felicidade no dia a dia. Ou talvez todas as opções acima *já* tenham acontecido, mas você ainda está motivado a conquistar o *próximo* nível de sucesso pessoal ou profissional, que nunca chega.

Se você já esteve nessa situação (acredite, eu também já caí nessa), pode muito bem fazer parte (provavelmente sem saber) de um grupo cada vez maior de viciados em desenvolvimento pessoal. Na condição de integrante em recuperação desse grupo, eu sei que nós amamos a "onda" causada por todos aqueles momentos "a-há!" e buscamos exatamente isso, mas nada realmente muda. Nenhuma transformação duradoura acontece. Simplesmente insistimos em ter os mesmos objetivos. Eu costumava devorar um livro atrás do outro, acreditando que me transformava em uma versão melhor de mim mesmo a cada conhecimento adquirido. Como se apenas o conhecimento guardado no cérebro fosse suficiente. É muito comum pensar que basta se envolver no desenvolvimento pessoal diário, mas não é o caso. Se você está cansado de definir objetivos e se criticar quando não os conquista, não está sozinho (e vai aproveitar bastante este livro).

É preciso aliar a prática diária de desenvolvimento pessoal a um processo comprovado para definir e conquistar objetivos significativos que vão melhorar sua qualidade de vida de modo consistente. Ainda me lembro do dia em que parei, olhei para minha vida e percebi que *posso fazer mais, ser mais e não estou mais disposto a me contentar com pouco.* Passei a juventude inteira fazendo o menor esforço necessário para obter o maior retorno e não estava mais satisfeito com isso, então comecei a caminhar ativamente na direção dos meus maiores objetivos em vez de esperar (ou, no caso, torcer) para que eles viessem até mim depois de visualizá-los com clareza em minha mente. Ao longo do tempo eu desenvolvi um processo que traduz a síntese do conhecimento sobre o desenvolvimento pessoal em ação. Percebi que a partir dessa ação, às vezes simples e bastante comum, surgem resultados extraordinários.

Se você frequenta o universo do desenvolvimento pessoal, já ouviu que *tudo é possível.* Eu realmente acredito nisso, mas a palavra *possível* não é suficiente para fazer você se levantar da cama cheio de motivação interna para conquistar seus maiores sonhos todos os dias. Eu gostaria que fosse assim, mas não é. Oferecer um plano capenga não bastava. No meu livro seguinte (este aqui), busquei criar algo que fizesse o seu sucesso passar de *possível* a *provável* até chegar a *inevitável.*

Esse processo, que se chama Equação do Milagre, parece simples de explicar, mas só uma pequena parcela da sociedade sabe executá-lo. A Equação do Milagre é composta por apenas duas decisões.

A primeira consiste em ter *fé inabalável* e a segunda em fazer um *esforço extraordinário.* O segredo para criar milagres tangíveis e mensuráveis está em praticar essas duas ações por um longo período de tempo.

Quando estudamos os maiores conquistadores, inovadores, filantropos, atletas e praticamente qualquer pessoa que tenha feito uma contribuição significativa para a humanidade, vemos que eles estabeleceram e mantiveram a *fé inabalável* que conseguiriam e depois fizeram um *esforço extraordinário* até chegar lá. Quando você mantém a *fé inabalável* de modo consistente e faz um *esforço extraordinário* por um longo período de tempo, não há como falhar. Você pode ter dificuldade e enfrentar obstáculos, mas o seu sucesso vai acabar passando de possível a provável até chegar a inevitável.

Quando alcançar seus objetivos se torna inevitável, você se transforma no que eu chamo de *Mestre dos milagres*: pessoas que resolveram o mistério da criação de milagres e vivem de acordo com a Equação do Milagre. A *fé inabalável* é a mentalidade verdadeira, e um *esforço extraordinário* é a forma de abordar todos os objetivos. Comprometidos com essas duas decisões, os *Mestres dos milagres* criam resultados extraordinários, para si e para todos. E, como os milagres são o estilo de vida deles, os *Mestres dos milagres* criam resultados extraordinários de forma consistente em quase tudo o que fazem. Personificar as qualidades e características de um *Mestre dos milagres* é o objetivo final, o nível de aperfeiçoamento que você vai alcançar ao ler e colocar em prática as estratégias deste livro.

O JEITO MAIS EFICAZ DE LER ESTE LIVRO

Eu sei que alguns livros de desenvolvimento pessoal podem ser lidos de modo fragmentado, pulando trechos e lendo os capítulos fora de ordem, conforme a preferência de cada um. Conheço gente que fecha os olhos, abre o livro em uma página aleatória e lê aquele capítulo. Esses livros dão ao leitor o controle sobre o que ele considera importante sempre que decidir consultá-los. Eles são ótimos, mas este livro não é assim.

Os dois primeiros capítulos, assim como esta Introdução, dão a base para criar milagres tangíveis e mensuráveis. Vamos discutir o que é milagre (e o que não é), ter uma visão geral da Equação do Milagre e aprender como as duas decisões (*fé inabalável* e *esforço extraordinário*) atuam em conjunto para deixar esse processo cada vez mais fácil ao longo do tempo. Depois vamos conhecer a história do meu primeiro milagre e saber como eu criei essa equação pouco antes de completar 22 anos e comecei a ensiná-la às pessoas, observando (às vezes espantado) que ela funcionava para elas como tinha funcionado para mim.

O restante do livro vai guiar você pelos conceitos e etapas necessários para entender antes de criar os seus próprios milagres. Vamos falar dos seguintes temas:

INTRODUÇÃO   13

- como superar o conflito interno que todos nós enfrentamos entre as nossas limitações e o potencial humano ilimitado;
- como desenvolver a invencibilidade emocional para manter o controle das emoções, independentemente do que a vida jogue no seu caminho; (Essa estratégia é realmente útil quando você pensar que os seus esforços não estão produzindo resultados adequados.)
- o verdadeiro propósito de definir um objetivo;
- como escolher o primeiro milagre a ser criado (e os que virão depois dele);
- como criar milagres repetidamente;
- como colocar todas essas informações em prática no Desafio da Equação do Milagre para a mudança de vida em trinta dias a fim de começar o caminho para criar seu primeiro milagre tangível e mensurável.

Recomendo que você leia este livro do início ao fim da primeira vez, porque os capítulos foram elaborados para acumular o conhecimento. É melhor entender cada capítulo antes de ir para o próximo. Depois da primeira leitura, fique à vontade para escolher os capítulos que gostaria de revisitar a qualquer momento. Sugiro particularmente que você releia os capítulos caso fique empacado no meio da criação de um milagre.

ALGUNS PONTOS PARA LEMBRAR AO LER ESTE LIVRO

1. *O milagre da manhã* e *A Equação do Milagre* podem trabalhar juntos.

Se você não leu *O milagre da manhã*, não entre em pânico. Ler este livro vai fornecer as ferramentas necessárias para capitalizar em cima do seu potencial e criar uma vida mais satisfatória. Você vai aprender a conquistar resultados extraordinários e mensuráveis (milagres) repetidamente e com

14 A EQUAÇÃO DO MILAGRE

relativa facilidade ao longo do tempo. Dito isso, *O milagre da manhã* realmente ajuda a obter clareza, calma e foco antes de começar o dia. Pode não ser voltado a um resultado específico, mas é uma prática de desenvolvimento pessoal diária comprovada que vai ajudar você a se transformar na pessoa que precisa ser para conquistar seus objetivos.

2. Vários conceitos são repetidos.

A Equação do Milagre é simples de explicar e complicada de executar. Por isso, eu não apresento um conceito qualquer uma única vez e deixo por isso mesmo. Pelo contrário: eu revisito conceitos cruciais ao longo do livro de propósito e, às vezes, de modos diferentes para ajudá-lo a internalizar e lembrar os pontos mais importantes. É muito mais fácil reter informações que você já viu várias vezes.

3. Minha intenção com este livro é elevar a consciência da humanidade, uma pessoa de cada vez.

Como eu disse no início desta introdução, minha intenção com *O milagre da manhã* era transformar um milhão de vidas, uma manhã por vez. Quando um milhão de vidas mudaram para a melhor, percebi que aquele objetivo, antes irreal e impossível, não só era realista como não era grande o bastante.

Com este livro, minha intenção é elevar a consciência da humanidade, uma pessoa de cada vez. Talvez pareça tão grandioso agora que você pode até ter revirado os olhos, mas, depois de ler *A Equação do Milagre*, você vai perceber que não existe visão grande demais. À medida que cada um utiliza seu potencial ilimitado, eleva a própria consciência, o que influencia e eleva a consciência das pessoas ao redor. E, ao criar milagres tangíveis e mensuráveis, esses resultados também atingem todos os afetados por eles. Durante a leitura do livro, eu o convido a definir a sua intenção e compreender que *você não tem limites e está destinado a ter, ser e criar tudo o que desejar.* Que lacunas você enxerga no mundo ao seu redor? Que contribuição você acredita que pode fazer (ainda que parcialmente)? O que é o milagre para você? Eu lhe asseguro que nenhum objetivo é inalcançável.

Agora vamos começar. A primeira lição envolve tirar o mistério dos milagres.

Capítulo 1

COMO TIRAR O MISTÉRIO DOS MILAGRES

E sair do mítico para o mensurável

Os milagres não são contrários à natureza,
mas apenas ao que nós sabemos sobre a natureza.

— SANTO AGOSTINHO

Milagres. Eles são bem *misteriosos*, não é mesmo? Veja bem: parte do apelo é justamente isso, não saber ao certo como eventos aparentemente imperceptíveis se alinharam de modo perfeito para salvar a vida de alguém ou entregar o sonho mais louco bem na porta de uma pessoa. Contudo, essa natureza misteriosa também cria um problema com a forma pela qual percebemos os milagres.

Uma vez eu vi uma reportagem no *Today Show* chamada "Milagre no paraquedismo: homem cai de uma altura de quatro mil metros", sobre o instrutor de paraquedismo Michael Holmes, que passou por isso quando seu paraquedas falhou. Nos instantes em que o chão se aproximava com rapidez, ele tentou abrir o paraquedas, mas não conseguiu. Michael tentou cortar as cordas, mas também não funcionou. Em um último esforço para salvar a própria vida, ele acionou o paraquedas reserva, mas o equipamento também não abriu. Nos últimos duzentos metros que passou em queda livre, ele se resignou diante da ideia de que iria morrer. Por incrível que pareça, Michael não morreu. E até que os ferimentos que ele sofreu foram leves.

16   A EQUAÇÃO DO MILAGRE

Você já ouviu a história de Donnie Register? Saiu em todos os jornais como "O milagre de Donnie", e o site da Oprah chamou de "Milagre da vida real". Donnie estava no caixa de sua loja de antiguidades quando um assaltante atirou em sua cabeça. Donnie colocou as mãos na frente do rosto e a bala ricocheteou na sua aliança de ouro, evitando milagrosamente o que seria a morte certa.

Ao longo dos anos eu ouvi histórias de recuperações milagrosas, em casos em que parecia não haver outro esforço envolvido a não ser altas doses de esperança. E até histórias de casais apaixonados que se esbarraram misteriosamente décadas depois do último contato. Todos esses relatos são intrigantes e espantosos ao mesmo tempo.

Histórias como essas sem dúvida podem ser chamadas de milagres, mas, para muitas pessoas (e você pode ser uma delas), elas dão má fama aos milagres. Os céticos supõem que eventos extraordinários acontecem somente com os outros. Eles acreditam que todos os milagres são ilusórios, míticos, aleatórios, fruto da sorte e, portanto, inalcançáveis, totalmente irreais e imprevisíveis. Os milagres simplesmente não acontecem na vida real, não com os céticos, pelo menos. Antes eu pensava da mesma forma.

Veja bem, se nós conseguíssemos simplesmente "imaginar" um depósito de sete dígitos em nossa conta bancária, todos seríamos milionários, não é? Recuperações milagrosas seriam comuns, e aquele cliente ou colega de trabalho difícil (você sabe, aquele que faz a sua pressão subir) poderia sumir de repente. Se você estiver nesse grupo que eu mencionei, provavelmente pensa que precisa ver para crer.

O ceticismo pode ser bom. Você faz o que todos deveríamos fazer: ponderar criticamente, avaliar e questionar em busca da verdade. Eu encaro tudo dessa mesma forma e não espero menos de você.

No entanto, o ceticismo tem uma desvantagem imensa, que todos nós precisamos conhecer e temer: ele pode facilmente se transformar em cinismo, levando a uma desconfiança nada saudável e limitando as possibilidades disponíveis para nós. Como você vai aprender neste livro, existem dois tipos de milagres, e não é justo ou benéfico misturá-los.

Os milagres que descrevi há pouco podem ser chamados de milagres "passivos" ou "aleatórios", pois ocorrem por acaso. Ficamos espantados com a natureza inacreditável desses eventos, mas não há um jeito definitivo de explicá-los, que dirá repeti-los (tenho certeza de que nem o instrutor de paraquedismo nem Donnie Register gostariam de repetir aquelas experiências). Eles podem ser vistos como aleatoriedades. Se você quiser criar esse tipo de milagre, que frequentemente inclui uma abordagem do tipo "rezar e esperar", sinto muito, mas não tenho conselhos para dar. Não é o tipo de milagre que vamos discutir neste livro.

Este livro fala dos milagres tangíveis e mensuráveis, que exigem participação ativa para serem produzidos. É como se os seus objetivos mais ousados, assustadores e improváveis virassem realidade. Esse é o tipo de milagre possível de controlar, o que significa que você pode criá-lo de modo consistente na sua vida assim que entender como o processo funciona. Mas para criar esse tipo de milagre você precisa acreditar que o resultado é possível e que *você* pode produzi-lo. Se você estiver no grupo dos céticos que eu mencionei, minha recomendação seria suspender a descrença por um momento a fim de explorar as possibilidades. Pelo menos enquanto estiver lendo o livro.

Não me entenda mal: não estou tentando convencê-lo a acreditar em algo irracional. Estou tentando abrir sua mente para a possibilidade de algo novo, um segundo tipo de milagre que você tem o poder de criar de acordo com sua vontade. Neste capítulo, vamos definir o que são milagres tangíveis e mensuráveis e depois explicar como esse tipo de milagre acontece para que você também possa criar resultados incomuns. Depois, caberá a você decidir se quer ou não acreditar.

TODOS PODEM CRIAR MILAGRES TANGÍVEIS E MENSURÁVEIS

Quando se fala em milagre, existem algumas perguntas úteis a se pensar: milagres só acontecem com indivíduos especiais ou "escolhidos"? Eles ocorrem aleatoriamente? Os milagres são criados por Deus ou outra inteligência superior e misteriosa? Ou cada um de nós nasceu com um potencial ilimitado e uma capacidade muito maior do que acreditamos? E se algumas pessoas

18 A EQUAÇÃO DO MILAGRE

forem incrivelmente bem-sucedidas pelo simples fato de terem aprendido a utilizar esse potencial que existe em todos nós? E se você percebesse que está a uma decisão (ou a alguns dias) de distância de usar esse potencial?

Uma percepção como essa mudaria o tamanho e o escopo dos objetivos que você está disposto a definir e a vida que leva. Isso elevaria o significado de "mediano" se o mediano puder virar extraordinário. Imagine se você e todos os seus conhecidos usassem o potencial completo, se cada um de nós descobrisse como superar as limitações que nos impomos e começasse a criar tudo o que deseja para a vida. Isso teria um impacto profundo no mundo. E se todos nós nos tornássemos *Mestres dos milagres*?

O QUE É UM *MESTRE DOS MILAGRES*?

A palavra *mestre* (tradução livre de *maven*, em inglês) vem do iídiche *meyvn* e do hebraico *mebhin,* que significam "aquele que entende".

Embora a palavra *milagre* tenha várias definições, a mais útil para nós está no *English Oxford Living Dictionary*: "Evento ou desenvolvimento notável que traz consequências muito positivas".

Os *Mestres dos milagres* aglutinam essas duas definições.

Se você pensar bem, tenho certeza de que consegue se lembrar de alguém que esteja próximo de usar o seu potencial completo e que parece levar jeito para transformar suas visões em realidade. Se você conhece pessoalmente alguém assim ou o admira a distância, sabe que esses indivíduos jamais deixam qualquer pessoa (incluindo eles mesmos) fazê-los desistir de suas ideias grandiosas. Eles parecem ter um poço ilimitado de criatividade e perseverança. As oportunidades surgem aos montes para esses indivíduos. Você pode se perguntar como ou por que eles têm tanta sorte, mas e se a sorte for apenas um fator insignificante e que talvez nem tenha participação no sucesso deles?

Ao longo da história, muitas pessoas criaram ativamente milagres tangíveis e mensuráveis. O presidente norte-americano John F. Kennedy, que teve a ideia de levar o homem à Lua, e o líder dos direitos civis Dr. Martin

COMO TIRAR O MISTÉRIO DOS MILAGRES   19

Luther King Jr., que imaginou os Estados Unidos como um país livre e com igualdade para todos, são exemplos de indivíduos que criaram milagres de modo intencional e ativo. Enquanto outros rezavam e esperavam os resultados, JFK e MLK agiram. Eles tiveram sucesso em transformar ideias aparentemente impossíveis em realidade tangível. Seguiram a própria visão o mais longe que puderam, criando realidades novas e extraordinárias. Ao utilizar suas habilidades, eles se tornaram *Mestres dos milagres*.

Tornar-se um *Mestre dos milagres* é exatamente isso: um jeito de ser. Quando você vive com *fé inabalável* e faz um *esforço extraordinário*, você é um *Mestre dos milagres*. Existem *Mestres dos milagres* notáveis de todo tipo, e as conquistas e os caminhos abertos por eles têm todas as formas imagináveis. Muitos deles você conhece porque suas conquistas tiveram impacto importante no mundo. Entre os *Mestres dos milagres* mais famosos estão:

- Henry Ford, que nos deu o transporte por automóveis;
- Marie Curie, que desenvolveu a teoria da radioatividade, foi a primeira mulher a ganhar um prêmio Nobel e a primeira pessoa a receber esse famoso prêmio duas vezes;
- Bill Gates, que colocou os computadores pessoais em milhares de casas e escritórios pelo mundo;
- Amelia Earhart, a primeira mulher a sobrevoar o oceano Atlântico sozinha;
- Neil Armstrong, que pisou na Lua;
- LeBron James, que deu um milagre a Cleveland quando liderou os Cavaliers e conquistou o primeiro campeonato de um esporte profissional de grande repercussão para a cidade em mais de sessenta anos;
- Michael Phelps, que se tornou atleta olímpico aos 15 anos e ganhou 23 medalhas de ouro;
- Steve Jobs, que colocou milhares de músicas nos nossos bolsos e transformou os smartphones em utilitários;
- Elon Musk, que está sempre criando milagres tecnológicos e ajudando a humanidade a progredir.

20 A EQUAÇÃO DO MILAGRE

Desde o início dos tempos, pessoas comuns ultrapassaram os limites do que se imaginava possível. Elas precisaram superar o mesmo tipo de medo e insegurança que nos prende hoje. Todos nós nascemos com um potencial ilimitado, mas essas pessoas descobriram como usá-lo. Quando você aprende a fazer isso, tudo muda.

Embora as circunstâncias em que nascemos variem de pessoa para pessoa, o potencial humano ilimitado em cada um de nós é universal. Na verdade, existem várias histórias de indivíduos que nasceram em condições difíceis, mas encontraram um jeito de transformar a vida em algo extraordinário. Você deve conhecer algumas delas.

A escritora J. K. Rowling estava sem dinheiro e quase na miséria quando escreveu o primeiro livro da série *Harry Potter*, que acabou gerando uma série e vários filmes de imenso sucesso comercial, parques temáticos, brinquedos, roupas, jogos de computador e muito mais. Com esse livro, Rowling garantiu seu lugar no exclusivo clube dos bilionários.

Jay-Z cresceu pobre em um conjunto habitacional do Brooklyn antes de ser um rapper bilionário, mundialmente famoso e magnata dos negócios. Seu império inclui imóveis, bares com temática esportiva, roupas, bebidas e produtos de beleza, só para citar alguns itens.

Oprah Winfrey teve uma infância de privação e agressões e virou uma das mulheres mais ricas e bem-sucedidas do mundo. Agora, com o compromisso de retribuir o sucesso recebido e ajudar as gerações futuras a sair da pobreza, ela doou mais de 150 milhões de dólares para organizações que acolhem meninas carentes.

O ator Sylvester Stallone foi sem-teto por breves períodos enquanto trabalhava arduamente para sair dos pequenos papéis e chegar ao sucesso como protagonista de *Rocky, um lutador*, cujo roteiro também é dele. A franquia *Rocky* foi uma das maiores bilheterias de todos os tempos.

A lista de exemplos reais poderia continuar até encher este livro. Espero que você perceba que não está limitado pelas circunstâncias externas, assim como o passado não dita o seu futuro. Primeiro você precisa imaginar o futuro ideal, vê-lo com clareza e estabelecer a crença de que ele é possível (vamos passar muito tempo explicando como fazer isso nas próximas páginas).

COMO TIRAR O MISTÉRIO DOS MILAGRES 21

Depois você precisa se mover na direção dele. Foi o que fizeram as pessoas que acabei de mencionar. Elas decidiram que seus desejos eram possíveis, descobriram o que precisavam fazer para transformá-los em prováveis e continuaram dando tudo de si até que o sucesso passou a ser inevitável. E você pode muito bem fazer o mesmo.

Lembre-se: o objetivo que você decide conquistar não precisa necessariamente mudar o mundo. Pode ser grande ou pequeno, fácil ou complicado, não importa. O segredo é: precisa ter um significado para você. Essa importância será a sua motivação.

No livro O *milagre da manhã*, descrevi um conceito chamado sucesso Nível 10, o ideal que todos nós desejamos viver. Se você fosse medir o sucesso em qualquer área da vida em uma escala de 1 a 10, provavelmente gostaria de ter nota 10 em todas as áreas. Saúde Nível 10, felicidade Nível 10, riqueza Nível 10 e tudo o que você definir. Porém, como o potencial humano é ilimitado, o objetivo não é necessariamente chegar ao Nível 10. É acordar todos os dias e investir tempo para se transformar em uma versão melhor da pessoa que você era quando foi dormir na noite anterior. Quando você mantém o foco, confia no seu potencial ilimitado e segue na direção do sucesso Nível 10 em todas as áreas da vida, as oportunidades ficam abundantes e você descobre a fonte da verdadeira realização.

Enquanto nos esforçamos para chegar ao sucesso Nível 10, o desafio consiste em achar o equilíbrio entre ser feliz, sentir gratidão e ver o momento perfeito em que estamos agora enquanto seguimos o desejo humano inato de crescer e se aperfeiçoar. O segredo é evitar pensar *Não sou bom o bastante,* e sim *Não tenho limites e tenho mais para dar.* É uma diferença sutil, porém radical. Os *Mestres dos milagres* vivem de acordo com essa mentalidade.

Os *Mestres dos milagres* se destacam por sempre buscarem algo maior que o sucesso Nível 10. Eles mantêm a *fé inabalável* e acreditam que seus desejos para a vida vão acontecer, mas não têm um papel passivo nessa busca. Os *Mestres dos milagres* não olham para um quadro de visualização ou repetem afirmações sem pensar e depois questionam por que nada está acontecendo. Quem vive como um *Mestre dos milagres* pensa e age de modo diferente da maioria das pessoas.

Embora muitos de nós permitam que o medo e a dúvida consumam seus pensamentos, os *Mestres dos milagres* escolhem a fé para superar o medo. Eles têm a mentalidade fundamental de que podem e vão vencer em tudo o que se proponham a fazer, embora estejam dispostos a aceitar as eventuais derrotas e seguir em frente com rapidez. Assim eles podem aproveitar mais oportunidades. Mesmo sabendo que vão fracassar algumas vezes, os *Mestres dos milagres* ainda têm uma probabilidade maior de vencer.

Simon Sinek expressou um sentimento parecido quando disse: "Os campeões não são os que sempre vencem, e sim os que vão lá e tentam. E tentam com mais garra da próxima vez [...] Ser um campeão é um estado mental. Eles se dedicam e competem consigo mesmos com o mesmo empenho (até mais) que têm para vencer os outros."

Os *Mestres dos milagres* também se comportam de modo diferente. Eles entendem que precisam se esforçar para obter resultados. Não procuram o caminho mais fácil, estão dispostos a fazer o necessário para conquistar o que desejam, mas também valorizam a eficiência, por isso estão sempre aprendendo e descobrindo dicas, truques e atalhos para levá-los mais rapidamente ao objetivo.

Sei disso não só pela observação, mas por experiência própria. Nas próximas páginas, você vai saber como eu usei a Equação do Milagre para voltar a andar depois de ter sido declarado morto em um acidente de carro; para transformar minha situação financeira depois de quase falir; e depois de sobreviver a um prognóstico terrível de câncer. Não fiz nada além de tomar e manter as duas decisões nas quais este livro se baseia.

CRIAR MILAGRES É UMA DECISÃO SUA

Os livros de autoajuda nos dão muitas respostas para o que nos impede de levar a vida que desejamos. São nossos hábitos, as crenças, o círculo de influência, o nível de confiança, a disposição, a lei da atração, o gerenciamento do tempo, a inteligência emocional, nossa educação ou a falta dela. Tudo isso é avassalador. Contudo, acredito que possamos simplificar centenas de respostas em duas decisões diretas que serão cruciais para o sucesso e para determinar se você viverá o resto da vida como *Mestre dos milagres*.

Existem duas decisões que não tomamos de modo constante e consciente e que nos impedem de conquistar nossos objetivos: a decisão de manter a *fé inabalável* e a decisão de fazer um *esforço extraordinário*. O que impede alguém de criar a vida que realmente deseja é não ter fé na capacidade de conseguir ou não fazer o esforço necessário para isso. É simples. E muitas pessoas não tomam nenhuma dessas decisões.

Percebi que isso parece simples, talvez até simples demais, mas vamos explorar as partes da equação.

Primeira decisão: *Fé inabalável.* Embora seja possível chamar a fé de outros nomes, como crença, confiança ou convicção, quem cria vidas extraordinárias estabelece a fé na própria capacidade, depois reforça e mantém essa fé até criar o que deseja. Portanto, a fé dessas pessoas é *inabalável*.

Isso desafia a natureza humana, na qual a fé tende a ser influenciada pelos resultados e circunstâncias antigos e atuais. Basear a fé na própria capacidade de superar ou conquistar algo inédito exige disposição para se aventurar além da zona de conforto. Exige também que você se veja como melhor do que foi e idealize um objetivo para o qual talvez não existam evidências de que seja possível. Criar essa fé não é normal ou natural e certamente não é automático. Basear a fé na sua capacidade ilimitada exige uma decisão consciente e deliberada.

Manter a fé também não é natural. Quase todas as conquistas dignas de nota são obtidas depois de superar uma infinidade de obstáculos e desafios. Para muitas pessoas, os obstáculos e desafios enfraquecem a fé e interrompem a busca do que elas desejam. O que nos leva à segunda decisão necessária para criar milagres.

A Equação do Milagre em ação

Rob Dial foi um dos meus primeiros clientes de coaching, em 2006, e se tornou um amigo e colega desde então. Ele usou a Equação do Milagre de um jeito incrível não só para obter independência financeira como para gerar impacto significativo no mundo.

Todo ano, eu e meu velho amigo e sócio Jon Berghoff (que você vai conhecer mais adiante neste livro) organizamos a experiência ao vivo chamada Best Year Ever [Blueprint], ou "O melhor ano de todos", um evento que apresenta às pessoas um processo revolucionário, capaz de garantir que os próximos 12 meses serão literalmente os melhores 12 meses de toda a sua vida. Durante um desses eventos, Rob percebeu que seu objetivo na vida era ensinar as pessoas a se libertar do sofrimento criado por elas mesmas ao não usar o verdadeiro potencial que todos temos. Logo depois dessa percepção, ele fez seu primeiro podcast, que teve mais de 100 mil downloads em oito semanas. Rob ficou empolgado, mas ainda tinha um ótimo emprego, com um salário de seis dígitos. Ele sabia que não poderia se dedicar às duas coisas, então usou a *fé inabalável* em si mesmo e em sua missão para largar o emprego e se concentrar integralmente no seu objetivo de vida.

Rob usou o *esforço extraordinário* para aprender a criar conteúdos que as pessoas gostassem e compartilhassem e conseguiu mais de um milhão de seguidores nas redes sociais em 14 meses. Só em 2017, sua página no Facebook teve mais de 500 milhões de visualizações dos vídeos e do conteúdo

> que ele produziu. Quanto ao emprego com salário de seis dígitos que ficou para trás, ele conseguiu obter a mesma renda depois de 14 meses, e no segundo ano já estava ganhando 300 por cento a mais que o salário do ano anterior. Rob vivenciou em primeira mão o significado de aplicar a Equação do Milagre e se tornar um *Mestre dos milagres*.

Segunda decisão: *Esforço extraordinário*. Embora também seja possível encontrar diversos sinônimos para a palavra "esforço" (trabalho, produtividade, empenho ou ação), no fim das contas aqueles que conquistam objetivos significativos e levam vidas Nível 10 fazem o esforço necessário (e geralmente *extraordinário*) até criar o resultado desejado. Você vai aprender em um capítulo mais adiante que *esforço extraordinário* não significa necessariamente trabalho árduo, mas exige energia de sua parte. O que faz o esforço ser *extraordinário* é o fato de se manter por um longo período. Sem ele, você não terá nada para alimentar sua fé.

Infelizmente, esse tipo de esforço também não é natural. É comum escolhermos o prazer imediato em vez do sucesso e da realização a longo prazo. Isso nos leva a fazer o esforço mínimo necessário para continuar tranquilamente dentro da zona de conforto e nos impede de fazer a coisa certa, pois seguir o caminho do menor esforço é bem mais fácil.

A natureza humana confina a maioria da sociedade a circunstâncias como ganhar dinheiro para não perder o teto onde vive, mas não o suficiente para avançar. Consumimos alimentos puramente pelo sabor e textura, que dão breves momentos de prazer e nos privam de saúde e energia. Permanecemos em empregos insatisfatórios que nos dão uma renda certa em vez de buscar objetivos e sonhos que poderiam nos render uma fortuna e gerar a independência financeira que todos desejamos.

Sei que estou lhe pedindo para tomar duas decisões que vão contra os seus instintos básicos. Caso você esteja se perguntando como vai desafiar a natureza humana inata, aguente firme. Vamos aprender a superar esses instintos para que, com o tempo, essas decisões passem a ser automáticas e naturais.

O CÍRCULO VIRTUOSO DA *FÉ INABALÁVEL* E DO *ESFORÇO EXTRAORDINÁRIO*

Todos nós já fizemos isso: ficamos empolgados com um novo objetivo. Temos uma visão clara na mente sobre como ele será e como vamos nos sentir ao conquistá-lo. Sabemos exatamente o que é preciso fazer para chegar lá e acreditamos ser possível. Damos os primeiros passos e sentimos que estamos no caminho. Até que subitamente vem o baque.

Encontramos um obstáculo inesperado. Os resultados não estão acontecendo tão rápido quanto esperávamos. Talvez ninguém esteja dando retorno para os currículos que você mandou. Ou o seu chefe colocou você em um novo projeto bem quando você pretendia usar o tempo livre para se exercitar ou começar um blog. Talvez você tenha lançado um novo produto, mas as vendas não estão acontecendo no ritmo esperado. Em momentos como esses, manter a Equação do Milagre é desafiador. Quanto maior o obstáculo à frente, mais desestimulado você pode ficar. É nessas situações que você fica mais suscetível a jogar a equação pela janela e voltar à vidinha de sempre.

Quando você não vê os resultados esperados (isto é, desejados), é natural que a fé enfraqueça. Ao perder a fé, o esforço necessário para conquistar seu objetivo desaparece logo em seguida. Tenho certeza de que você já se perguntou uma ou duas vezes: para que tentar se eu não acredito que conquistar o meu objetivo é provável?

A *fé inabalável* e o *esforço extraordinário* têm funções específicas e se ajudam mutuamente. Em vez de enxergá-los como duas linhas de ação distintas, é mais realista pensar neles como um círculo ou uma roda. Eles trabalham juntos. Quando você estabelece a *fé inabalável* na própria capacidade de conquistar um objetivo, cria a motivação interna necessária para agir, que será o *esforço extraordinário*. Esse esforço alimenta uma sensação de merecimento que gera mais fé. Quando você tem ambos, a equação funciona, mas, se perder um deles, o processo empaca. Eles se ajudam reciprocamente. Quando você encara a vida, os objetivos, os sonhos e até os relacionamentos com *fé inabalável* e *esforço extraordinário*, mantém o círculo de feedback. É assim que você cria milagres repetidamente. É assim que você vive como um *Mestre dos milagres*.

COMO TRAZER O MISTÉRIO DE VOLTA AOS MILAGRES

Eu sei, eu sei. Acabamos de tirar o mistério dos milagres. Agora vamos colocar um pouquinho de volta. Quando você supera os medos e as dúvidas com a *fé inabalável* e se livra dos hábitos improdutivos ou das tendências preguiçosas que impediam o *esforço extraordinário*, imediatamente utiliza sua capacidade total e começa a ver oportunidades e sincronicidades ao redor. Conquistar seus objetivos passa a ser natural. Para quem vê de fora, pode até parecer sorte.

As pessoas observam os *Mestres dos milagres* com admiração e às vezes inveja, pensando: *Caramba, tudo flui tão facilmente para eles. Que sorte!* Quem tem uma crença religiosa ou espiritual forte provavelmente atribui o sucesso a Deus ou a algum outro poder superior. Os céticos consideram tudo coincidências aleatórias.

Chame como quiser, acredite no que desejar, mas não questione. Aceite. Veja a verdade em toda a sua simplicidade e lembre-se: quando você decide conquistar um grande sonho ou criar um resultado extraordinário (mais conhecido como milagre), não sabe como vai ser a jornada até lá. Saiba apenas que ela vai incluir todo tipo de caminho, desafio, relacionamento, lições inesperadas que vão guiá-lo rumo a novas oportunidades, que vão ensinar lições e levar a mais oportunidades.

Não é possível prever quando e onde a sorte vai aparecer, mas tenha uma certeza: quanto mais você viver de acordo com a Equação do Milagre, mais sorte terá. Quanto mais você se dispuser a criar milagres fazendo um *esforço extraordinário* e mantendo a *fé inabalável* por um longo período de tempo, mais recursos imprevisíveis e inestimáveis vão aparecer na sua vida. Nesse momento os outros vão começar a olhar para *você* e pensar: *Caramba, tudo flui tão fácil para essa pessoa. Que sorte!*

Falo por experiência própria e também por observar as pessoas que você está prestes a conhecer ao longo deste livro: quando você vive de acordo com a Equação do Milagre, os milagres (resultados além do que você imaginou ser possível) realmente aparecem, e quase sempre de modo inesperado. Forças

28   A EQUAÇÃO DO MILAGRE

ocultas e recursos além da sua percepção atual, que você nunca poderia ter previsto ou planejado, vêm ajudá-lo a criar cada milagre. Eles frequentemente aparecem na forma de oportunidades ou pessoas inesperadas ou apenas fazendo com que você esteja no lugar certo na hora certa.

Estou ouvindo o seu cético interior vindo à tona. *Fala sério, Hal. Forças ocultas e recursos além da percepção atual?* Eu sei. Parece meio "riponga", mas é o salto no escuro que você precisa fazer. É o mesmo salto que cada mestre dos milagres fez em algum momento da vida. É por isso que ouvimos pessoas bem-sucedidas creditarem o seu sucesso à "sorte". Às vezes é necessário acreditar no que não se pode ver. Eu o convido a ter fé na magia e nos milagres da vida, pois só quem consegue fazer isso consegue vivenciá-los.

Como eu já disse neste livro, a Equação do Milagre é simples de explicar, mas poucos sabem executá-la. As duas decisões (*fé inabalável* e *esforço extraordinário*) não são complicadas, e, quando combinadas e mantidas por um longo período, produzem resultados impressionantes. Porém, a execução das decisões está longe de ser óbvia, pois exige que desafiemos de modo consciente as nossas tendências naturais inerentes e aprendidas. É por isso que só uma porcentagem relativamente pequena da sociedade consegue aplicar essa fórmula para criar resultados extraordinários, e um grupo ainda menor conseguiu fazer isso muitas vezes.

É para esse pequeno grupo de *Mestres dos milagres* que eu convido você. Um grupo no qual a *fé inabalável* se tornou o modo padrão de pensar e o *esforço extraordinário* passou a ser comum e automático. Agora que conhece os elementos necessários para criar milagres tangíveis e mensuráveis. Cabe a você decidir se deseja aplicá-los.

No próximo capítulo, vou contar a você como esbarrei na Equação do Milagre, criei meu primeiro milagre tangível e mensurável e decidi ensinar os outros a fazer o mesmo. Vamos ver onde tudo isso começou.

Capítulo 2

DE IMPOSÍVEL... A IMPROVÁVEL... A INEVITÁVEL

Como eu descobri a Equação

Se você quiser prosperidade em nível milagroso,
precisa deixar para trás o jeito antigo de pensar
e desenvolver uma nova forma de imaginar
o que é possível para a sua vida.

— DR. WAYNE W. DYER

Eu sei que só chegamos ao Capítulo 2, mas preciso fazer uma confissão: não inventei a Equação do Milagre. Este livro poderia ter sido escrito há séculos. Não por mim, é claro. Eu não estava vivo naquela época, mas poderia ter sido criado por qualquer outro *Mestre dos milagres*. Eu apenas identifiquei a fórmula e a batizei de Equação do Milagre. Na verdade, essa fórmula vem sendo usada ao longo da história pelos criadores e conquistadores mais vitoriosos do mundo em todo tipo de atividade. Eles só não a tinham batizado.

Quando eu era criança e via o meu jogador de basquete favorito, Michael Jordan, atuar no Chicago Bulls, nunca ouvi o técnico Phil Jackson virar para a equipe no último quarto e dizer: "Scottie [Pippen], você vai passar a bola para o Michael. Michael, você finta para a esquerda, avança, usa a Equação do Milagre e ganha o jogo!" Da mesma forma, ninguém ouviu Dr. Martin

Luther King Jr. pregar sobre usar a Equação do Milagre para fazer o movimento pelos direitos civis nos EUA avançar, e ninguém leu que Elon Musk tem usado a *Equação* para realizar o grande prodígio de construir uma cidade autossustentável em Marte.

No entanto, tenham eles percebido ou não, a *Equação do Milagre* foi utilizada por todos esses indivíduos para obter seus resultados extraordinários. Viver de acordo com ela mobiliza a habilidade de atuar em qualquer área da vida em Nível 10. Vai ser impossível não agir assim.

A Equação do Milagre nasceu do meu desejo de bater um recorde de vendas no trabalho que eu considerava impossível, mas que queria *muito* conquistar. Eu basicamente desafiei a tendência natural a seguir o caminho mais fácil e escolhi o mais difícil. Ao longo do processo, aprendi uma das lições mais valiosas que a vida me ensinou.

Vou definir o cenário para o surgimento da Equação do Milagre.

Assim que terminei a faculdade, aceitei um emprego de representante de vendas da empresa Cutco, fazendo demonstrações de facas sofisticadas na casa das pessoas. Quando comecei, eu não tinha experiência alguma em vendas e estava acostumado a viver no vazio entre mediano e embaraçosamente medíocre. Fui um aluno nota seis, nunca pratiquei esportes de equipe, não fiz parte de nenhum clube ou atividade extracurricular, sofri bullying e, no ensino médio, só tive um recorde na Yosemite High School: o de mais horas de castigo atribuídas a um aluno em um único ano escolar. Um total de 178 horas, caso você tenha ficado curioso. Não foi exatamente uma proeza que tenha deixado meus pais orgulhosos.

Com o apoio e as lições de alguns líderes e mentores incríveis na Cutco, começou a surgir um nível de confiança (e competência) inédito em mim. Eu me esforcei para trabalhar com mais dedicação e passei a tentar objetivos maiores. No geral, eu cresci e me transformei em uma pessoa muito mais capaz do que imaginava e rapidamente me tornei um dos principais representantes de vendas da empresa.

Uma das formas de me esforçar era quebrando recordes de vendas durante o período de pico, que, no mundo da Cutco, são eventos de 14 dias nos quais a empresa estimula a competição amigável entre seus vendedores,

DE IMPOSSÍVEL... A IMPROVÁVEL... A INEVITÁVEL **31**

incentivando milhares de representantes e gerentes com troféus e prêmios. A intenção é bater metas altíssimas para o vendedor, o escritório local e a empresa como um todo. Foi durante um desses períodos de pico que a lâmpada acendeu para mim, e surgiu Equação do Milagre.

O PERÍODO DE PICO QUE VIROU UM MILAGRE

Em fevereiro de 2001, aos 21 anos, eu estava fazendo períodos de pico de 20 mil dólares seguidos, uma proeza conquistada por poucos representantes de vendas nos 52 anos de história da empresa. À medida que o próximo período de pico se aproximava, eu me preparava para tentar ser o primeiro representante de vendas a bater a meta de 20 mil dólares por três vezes consecutivas.

Eram dez da manhã quando entrei no escritório de vendas da Cutco em Fremont, na Califórnia, para entregar o relatório de vendas da semana anterior.

— Meu amigo Hal! Está pronto para esse período de pico? — Meu gerente, Frank Ordoubadi, me cumprimentou no saguão, todo empolgado.

Arregalei os olhos, respirei fundo e expirei de modo exagerado, dizendo:

— Estou... Eu vou com tudo, Frank. Quero tentar bater o recorde. Não sei como, mas preciso achar um jeito de vender mais 20 mil dólares nos próximos 14 dias.

— Uau! Você sabe que vai ser a primeira pessoa a bater essa meta três vezes, não é!? — Frank comentou, abrindo um sorrisão.

Eu fiz um movimento positivo com a cabeça:

— Sei. Estou supernervoso.

O rosto de Frank ficou sério:

— Você sabe que esse período de pico vai ter só dez dias, não é? Como a convenção vai acontecer mais cedo este ano, não vamos ter os 14 dias de praxe.

Olhei para Frank por um instante:

— Por favor, me diga que você está brincando.

— Sinto muito, Hal. Eu pensei que você soubesse — ele respondeu, com uma expressão de "desculpe pela má notícia".

— Então, espere. Isso significa que nós não vamos ter um período de pico normal para recordes e rankings? — Naquele momento eu buscava desesperadamente ficar fora do tal período de pico abreviado para tentar bater o recorde na próxima competição de 14 dias.

— Infelizmente, esse período de pico vai contar exatamente como os outros.

Fiquei arrasado. Eu tinha passado as últimas semanas quebrando a cabeça para tentar vender 20 mil dólares em 14 dias, que não era uma proeza fácil. A ideia de conquistar o mesmo objetivo em apenas dez dias parecia algo entre inútil e impossível.

A EPIFANIA DO MEIO DA NOITE

Naquela noite eu virei de um lado para o outro na cama, pensando nas minhas opções. Vender 20 mil dólares em dez dias estava além de tudo o que eu já tinha feito. Pensei: "E se eu diminuir o meu objetivo para 15 ou dez mil dólares? Ou sair da competição?" O medo e a dúvida tomavam conta da minha mente. "Como vou conquistar esse objetivo?"

Naquela noite eu virei de um lado para o outro na cama, pensando nas minhas opções. Vender 20 mil dólares em dez dias estava além de tudo o que eu já tinha feito. Pensei: "E se eu diminuir o meu objetivo para 15 ou dez mil dólares? Ou sair da competição?" O medo e a dúvida tomavam conta da minha mente. "Como vou conquistar esse objetivo?"

À medida que a voz da dúvida ficou mais alta, a clareza apareceu. Eu me lembrei da lição ensinada por um dos meus mentores, Dan Casetta, que por sua vez aprendeu com o autor e filósofo moderno Jim Rohn. Na minha cabeça eu ouvi a voz de Dan: "O propósito de um objetivo não é alcançar o objetivo, e sim se tornar o tipo de pessoa capaz de conquistar qualquer objetivo ao sempre dar tudo de si, independentemente dos resultados. *A pessoa em quem você se transforma* ao longo do processo importa mais do que conquistar qualquer objetivo."

Hmmm. Levei um minuto para assimilar essa ideia. Obviamente, Dan e eu tínhamos falado disso antes, mas agora a ideia parecia ganhar um significado mais profundo. Eu pensei: "E se eu não diminuir o meu objetivo? Mesmo que vender 20 mil em dez dias pareça impossível, e se eu mantiver o compromisso e der tudo de mim, independentemente dos resultados? Isso me ajudaria a me tornar o tipo de pessoa que preciso ser para conquistar todos os meus objetivos? Se eu me comprometer a vender 20 mil dólares e der tudo de mim, independentemente do resultado, e o maior resultado não for o objetivo em si, e sim a pessoa em que me transformei no processo de tentar conquistar esse objetivo, não teria como eu fracassar, *certo? Certo!"* Então, decidi tentar vender 20 mil dólares em dez dias.

Sentei na cama e liguei o abajur na mesinha de cabeceira. Meu cérebro estava a mil, cheio de ideias. Eu precisava descobrir um jeito de conquistar esse objetivo quase impossível.

À meia-noite, sentado na cama, fiz uma engenharia reversa no período de pico em que estava prestes a entrar. Eu me imaginei dez dias adiante, no futuro, e perguntei: "Se eu já tivesse vendido 20 mil dólares, o que teria feito para chegar até aqui?"

Por ser um período muito curto, eu sabia que o medo do fracasso aumentaria, então questionei: "Como posso combater esse medo?" A resposta mais simples é que eu precisaria acreditar na minha capacidade de conquistar o objetivo e manter a crença até conseguir. Isso exigiria lembrar a mim mesmo repetidamente que a conquista do objetivo era possível, especialmente quando tivesse um mau dia ou os resultados não fossem bons.

Essa crença inicial evoluiu para a *fé inabalável.*

Então eu pensei em como a motivação para seguir em frente diminuiria naturalmente quando meus resultados não fossem bons, porque eu começaria a duvidar da possibilidade de conquistar o objetivo. O jeito de combater essa inércia seria me comprometer a dar tudo de mim até o último momento, independentemente dos meus resultados. Eu precisaria manter um alto nível de esforço ao longo do processo.

34 A EQUAÇÃO DO MILAGRE

Esse compromisso virou o *Esforço extraordinário*.

Naquele momento eu tomei duas decisões que precisaria manter ao longo do período de pico.

Primeira decisão: Vou estabelecer e manter a *fé inabalável* na minha capacidade de conquistar o objetivo de vender 20 mil dólares durante o período de pico, não importa o que aconteça. Não existe outra opção.

Segunda decisão: Vou fazer um *esforço extraordinário* todos os dias até o último minuto, independentemente dos resultados.

Peguei o caderno na mesa de cabeceira e escrevi essas duas decisões para solidificar meu compromisso. Depois as juntei em uma frase, um mantra que poderia lembrar com facilidade e recitar para mim mesmo todos os dias a fim de recordar as duas decisões: *Estou comprometido a manter a* fé inabalável *na minha capacidade de vender 20 mil dólares durante o período de pico e fazer um* esforço extraordinário *até conseguir, não importa o que aconteça. Não há outra opção.*

Eu ainda estava com medo. Para ser sincero (e é importante entender isso ao usar a Equação do Milagre), eu não acreditava mesmo que iria vender 20 mil dólares nos próximos dez dias. Eu acreditava que era possível, mas definitivamente não *provável*. Nossos maiores objetivos geralmente não são, e é por isso que são milagres. Mesmo assim, eu estava totalmente comprometido a dar tudo de mim.

A conta era simples. Se eu queria vender 20 mil dólares em dez dias, precisava de uma média de dois mil dólares por dia. Isso significava que nos primeiros sete dias eu precisaria passar dos 14 mil dólares em vendas. Eu já tinha vendido dois mil dólares em um dia? Claro. E sempre comemorava, porque um dia como esse era ótimo e muito raro. Eu considerava um dia de dois mil dólares um dia de sorte, então repetir isso *todos os dias por dez dias seguidos* seria uma proeza e tanto.

Quando comecei o período de pico, a sorte estava bem longe de mim. A primeira semana foi uma montanha-russa que acabou gerando somente

DE IMPOSSÍVEL... A IMPROVÁVEL... A INEVITÁVEL   35

cinquenta por cento do que eu precisava para conquistar o objetivo. Com apenas sete mil dólares em vendas e faltando três dias para o fim do período de pico, essa era a posição em que eu temia estar. Apesar disso, eu não iria diminuir a meta. Eu tinha me comprometido a dar tudo de mim até o último momento, não importava o que acontecesse. Faltando três dias para o fim do prazo, saí para o primeiro compromisso do dia. Enquanto dirigia, repetia o mantra: *Estou comprometido a manter a fé inabalável na minha capacidade de vender 20 mil dólares durante o período de pico e fazer um es*forço extraordinário *até conseguir, não importa o que aconteça. Não há outra opção.* O interessante é que, quanto mais eu dizia isso, mais eu acreditava.

Seis apresentações da Cutco depois, terminei o dia com mais de três mil dólares em vendas! Com isso, passei dez mil dólares no período de pico. Aquele dia me deu a energia de que tanto precisava. Eu me senti renovado e cheio de disposição. Estacionei meu Xterra preto e peguei o caderninho de telefones. Eram sete da noite, o melhor horário para fazer ligações. Deixei de pensar em como iria vender dez mil dólares nos próximos dois dias e me concentrei em telefonar.

Os dois dias seguintes correram de modo bem parecido: vendi 3.238 dólares na terça e 4.194 dólares na quarta-feira, somando 17.024 dólares no período de pico. Eu estava inspirado, mas, como a equipe tinha marcado às sete da manhã seguinte para sairmos juntos para a convenção em São Francisco, meu tempo estava se esgotando.

Será que estava mesmo?

Sem querer desistir estando tão perto do meu objetivo, liguei para Frank e disse que não faria a viagem em grupo porque desejava encontrar uns clientes antes da convenção. Inspirado pelo meu comprometimento, ele concordou.

Logo depois, peguei o meu caderninho e comecei a fazer ligações. Quarenta minutos depois, eu tinha marcado duas visitas para a manhã seguinte. Embora vender os três mil dólares restantes em apenas duas visitas certamente não fosse provável nem realista na percepção de muita gente, era definitivamente possível. Como bônus, a companhia do meu amigo e colega de trabalho Adam Curchak. Ele tinha me ligado para dizer que estava na cidade e perguntou se poderia ir comigo às visitas daquele dia.

36   A EQUAÇÃO DO MILAGRE

No dia seguinte, Adam me encontrou e nós fomos de carro ao meu primeiro compromisso. Eu estava uma pilha de nervos e cheio de disposição! Será que isso ia mesmo acontecer? Passando pela via expressa, baixei o vidro do carro. Ignorando o fato de Adam estar ao meu lado, gritei o mantra repetidamente: *Estou comprometido a manter a* fé inabalável *na minha capacidade de vender 20 mil dólares durante o período de pico e fazer um* esforço extraordinário *até conseguir, não importa o que aconteça. Não há outra opção!* Quanto mais eu dizia, mais acreditava. Adam teve um ataque de riso. Ele se divertiu bastante com os meus gritos enfáticos.

Estacionei na entrada da casa da Sra. Hammerling às 7h58, peguei a maleta azul-marinho da Cutco com mais de uma dúzia de facas de cozinha afiadíssimas no banco de trás do carro e fui com Adam até a porta da frente.

Toc. Toc.

Era isso. Minhas mãos suavam. O coração estava acelerado. Respirei fundo, olhei para Adam e recitei o mantra mentalmente uma última vez: *Estou comprometido a manter a* fé inabalável *na minha capacidade de vender 20 mil dólares no período de pico e vou fazer um* esforço extraordinário *até conseguir, não importa o que aconteça. Não há outra opção!*

Ninguém atendeu, então toquei a campainha. Dei uma olhada na entrada e na frente da casa, sem saber o que esperava ver. Talvez a Sra. Hammerling estivesse escondida nos arbustos? Toquei a campainha de novo. Ainda sem resposta. Voltei ao carro para buscar meu celular e liguei para a Sra. H. no telefone de casa. Nada. Liguei de novo... E continuei sem resposta.

Eu estava perplexo. *Isso não pode estar acontecendo!*

Esperei por meia hora. Liguei para a casa da cliente mais algumas vezes. Nada. Era o que nós, representantes, chamávamos de *no show*, e não poderia ter acontecido em um pior momento. Respirei fundo, e então Adam e eu voltamos ao carro e fomos para a última visita. Era a última chance de conquistar meu objetivo. Chegamos uma hora mais cedo e estacionamos na rua.

Aquela hora não foi boa para mim, pois tive tempo demais para pensar. O medo veio de mansinho. Comecei a duvidar de mim mesmo. *Como isso pode estar acontecendo?* Eu dei tudo o que tinha. Tinha mantido a *fé inabalável.* Eu tinha feito um *esforço extraordinário* e agora tudo dependia da próxima visita. A última. Eu estava ansioso. Até que finalmente bati na porta da Sra. Carol Jones, repetindo silenciosamente o meu mantra milagroso: *"Estou comprometido a manter a fé inabalável na minha capacidade de vender 20 mil dólares durante o período de pico e fazer um esforço extraordinário até conseguir, não importa o que aconteça. Não há outra opção!"*

Trinta segundos depois, a porta se abriu. *Graças a Deus.* Eu estava cara a cara com uma mulher loura de quarenta e poucos anos.

— Em que posso ajudá-lo? — o sotaque sueco me pegou desprevenido. Esta não era a mulher com quem eu tinha falado ao telefone.

— A senhora é a Carol? — perguntei.

Não. Ela definitivamente não era Carol. Era a cunhada de Carol, que tinha vindo da Suécia para o aniversário de 50 anos do irmão, que aconteceria em alguns dias. Um rápido telefonema da cunhada sueca confirmou que Carol estava do outro lado da cidade, tinha esquecido totalmente da minha visita e não conseguiria voltar a tempo. A cunhada perguntou:

— Posso ajudar vocês em algo?

Pensei por um segundo. *A cunhada sueca de férias para o aniversário do irmão não vai comprar facas, certo? Muito menos três mil dólares em facas.*

— Obrigado por perguntar, mas creio que não.

Adam pigarreou e se virou para mim, dizendo:

— Hal, eu vim até aqui para ver você fazer uma apresentação. Se esta senhora simpática permitir que você faça isso, eu adoraria assistir.

Olhei para Adam e senti calafrios em todo o corpo. Era como se o tempo tivesse parado. O último momento ainda não tinha chegado, e aquela senhora simpática estava se oferecendo para ajudar. Talvez Adam tivesse vindo comigo naquele dia apenas para me lembrar disso, quem sabe? Eu disse à mulher:

— Na verdade, pensando bem, a senhora pode me ajudar em uma coisa. Eu deveria fazer uma apresentação para mostrar algumas facas de cozinha de alta qualidade para Carol, e este é o meu último compromisso da semana. Eu ficaria muito feliz se pudesse fazer essa apresentação. Existe alguma possibilidade de a senhora aceitar isso?

Surpreendentemente, a cunhada sueca respondeu:

— Claro, podem entrar.

38   A EQUAÇÃO DO MILAGRE

Adam sorriu enquanto entrava pela porta da frente. Eu o agradeci em silêncio na minha cabeça. Em um último ato de *esforço extraordinário*, fiz a melhor e mais empolgada apresentação da Cutco de toda a minha vida.

Sessenta minutos depois, quando concluí a apresentação e me preparava para perguntar se a cunhada gostaria de comprar um conjunto de facas Cutco, ela disse algo difícil de acreditar:

— Hal, você veio em um momento muito interessante. O meu marido e eu íamos comprar um conjunto de facas de alta qualidade semana passada lá na Suécia, mas concordamos que deveríamos esperar a viagem para os Estados Unidos. Além disso, toda a família está tentando achar o presente ideal para o aniversário de 50 anos do meu irmão, mas está difícil. Ele *adora* cozinhar, então isso seria perfeito!

Qual a probabilidade de algo assim acontecer?, eu pensei, incrédulo. Sorri para ela e fiz um movimento de cabeça, antecipando a venda.

— Quer saber? — Ela continuou. — Vamos lá. Vou levar dois conjuntos Ultimate: um para mim e o meu marido e o outro para dar de presente ao meu irmão.

Precisei me controlar para não pular da cadeira e abraçá-la. Aquela venda me faria passar dos três mil dólares naquele dia e exceder a meta de 20 mil!

Quando saímos daquela visita, uma convicção em mim nasceu. Eu estava começando a entender que, se desejasse ter uma vida extraordinária, essas duas decisões seriam capazes de criá-la. A *fé inabalável* combinada com o *esforço extraordinário* era a fórmula para gerar resultados incríveis de modo consistente. Resultados tangíveis e mensuráveis tão significativos e inesperados que pareciam milagres.

TESTE DA EQUAÇÃO AO ENSINÁ-LA AOS OUTROS

O próximo período de pico virou um experimento. Apliquei a mesma estratégia: criei a possibilidade de vender 20 dólares pela quarta vez, o que seria um novo recorde. Eu me comprometi a manter a *fé inabalável* e fazer um *esforço extraordinário* até o último momento, independentemente dos resultados. Porém, dessa vez eu estava curioso para ver se a fórmula, que comecei a chamar de Equação do Milagre, funcionaria de novo.

E funcionou. Terminei o período de pico com 23.701 dólares em vendas. Embora não tivesse entendido totalmente na época, eu estava desenvolvendo as características e qualidades de um *Mestre dos milagres*, que me permitiriam conquistar qualquer objetivo.

Eu pensei: *Certo, mas talvez seja só comigo. Talvez seja apenas sorte.* Eu queria ter certeza de que a equação era real, então comecei a ensiná-la a outros representantes da Cutco, que contrataram meus serviços de coach. Geri Azinger, cuja história você está prestes a ler, foi a primeira representante da companhia a quem ensinei a Equação do Milagre. Como você vai ver, a história de Geri foi muita parecida com a minha, quase idêntica.

A Equação do Milagre em ação

No verão de 2005, Geri veio me procurar porque, embora vendesse mais do que quase todos os representantes semanalmente, ela nunca tinha sido uma grande vendedora no geral. Em seu maior período de pico, ela tinha vendido pouco mais de 12 mil dólares. Geri perguntou se eu poderia ajudá-la a chegar a 15 mil. Respondi: "Não, mas vou ajudar você a vender 20 mil dólares, Geri, pois acredito que você consegue." E falei da Equação do Milagre.

A resposta dela foi: "Sei lá. Nunca cheguei nem perto disso, mas, se a Equação do Milagre funciona para você, Hal, não vejo por que não funcionaria para mim."

Assim que o período de pico começou, as primeiras demonstrações de vendas de Geri resultaram em modestos mil dólares, não exatamente o valor esperado. Ela decidiu manter a fé em si mesma e foi para o segundo dia com motivação renovada. Geri vendeu alguns conjuntos maiores e terminou o dia com mais de três mil em vendas. O resto da semana foi uma montanha-russa de resultados. No começo da segunda semana do período de pico, ela tinha apenas 8.500 dólares. Geri estava assustada, mas continuou com o processo, marcando visitas e fazendo apresentações.

Avançamos para a segunda sexta-feira do período de pico. Ela tinha uns 15 mil dólares em vendas e precisava vender cinco mil no fim de semana se quisesse chegar perto da meta original. Naquela noite ela fez 50 ligações (a maior quantidade que já fizera em uma noite de sexta), marcou sete demonstrações para o fim de semana e depois me ligou:

— Hal, vendi 15 mil! Ainda faltam cinco mil dólares para o meu objetivo e eu estou definitivamente nervosa, mas cem por cento comprometida a usar a Equação do Milagre até o último minuto. É estranho, mas eu realmente acredito que vai acontecer! Ou melhor, tenho fé *inabalável* na minha capacidade de conquistar o objetivo. Não há outra opção!

No sábado à tarde, Geri visitou um casal muito simpático que comprou o maior conjunto que vendíamos na época, o Ultimate, o mesmo que eu vendi quando criei o meu milagre. Não só o casal indicou a Geri um monte de possíveis clientes como a levou à casa ao lado e a apresentou o vizinho, que comprou outro conjunto Ultimate!

Eram apenas 15 horas e ela já tinha vendido 2.500 dólares. Depois de um almoço rápido, Geri correu para a próxima

> apresentação, e, adivinhe só, outra venda de mil dólares. De volta ao carro, ela ligou para um cliente difícil de conversar. O único momento em que ele poderia recebê-la era quando saía do trabalho, à meia-noite. Relutante, Geri concordou. E foi bom ter feito isso. Aquela apresentação, que acabou às duas da manhã, levou Geri além da sua meta de vendas.
>
> Como ainda havia tempo na competição, ela manteve a fé e o esforço e continuou vendendo. Geri terminou aquele período de pico com mais de 23 mil dólares, quase o dobro do seu recorde anterior. O sonho tinha virado realidade. A Equação do Milagre se mostrou verdadeira: *esforço extraordinário + fé inabalável* = milagres.

Depois da experiência com Geri, continuei ensinando a Equação do Milagre a vários colegas e quase todos criaram o próprio período de pico milagroso, superando os 20 mil dólares em vendas. Esses resultados eram inéditos para eles.

Minha confiança na veracidade da fórmula cresceu. Diversos vendedores romperam a própria mentalidade limitante que tinham imposto a si mesmos e tiveram resultados tangíveis além do que acreditaram ser possível. Para ser claro, eu não ensinava conteúdo extra. Não havia novas técnicas de vendas, nem qualquer estratégia para abordar clientes anteriores. Eu apenas contava minha história com a Equação do Milagre, a mesma que acabei de contar a você, e expandi os princípios da *fé inabalável* e do *esforço extraordinário* como vamos fazer ao longo deste livro. Eles aplicaram. Simples assim.

E a Equação do Milagre se mostrou capaz de ir além.

Robert Arauco, representante de vendas relativamente novo, que ainda estava na faculdade, entrou em contato pedindo que eu o ajudasse a conquistar seu primeiro período de pico de dez mil dólares. Como fiz com Geri, eu acreditei que ele poderia dobrar seu objetivo e vender 20 mil dólares usando a Equação do Milagre, que havia funcionado para várias outras pessoas.

42 A EQUAÇÃO DO MILAGRE

Quando ensinei a equação, ele pensou por um momento e desafiou meu paradigma: "Hal, você acha que eu poderia usar a Equação do Milagre para vender 30 mil em duas semanas?" Eu nunca tinha alcançado essa meta, mas acreditava que não havia limite para o tamanho do milagre a ser criado. Robert conseguiu vender 31 mil dólares em duas semanas, sendo mais de 20 mil na segunda semana. Ao dar tudo de si até o último momento, ele vendeu mais de seis mil dólares *na última hora*.

O sucesso repetido da Equação do Milagre provou que não era um feliz acaso e nem sorte. Na verdade, era uma estratégia comprovada, confiável e replicável que, quando compreendida e aplicada corretamente, permitiria a qualquer pessoa começar imediatamente a usar seu potencial completo e criar resultados inéditos.

TESTE DA EQUAÇÃO DO MILAGRE ALÉM DOS REPRESENTANTES DE VENDAS

Você pode estar se perguntando: "Como isso se aplica a mim?" Eu entendo, porque fiz a mesma pergunta: "Será que a Equação do Milagre funciona fora do mundo das vendas?" Na verdade, foi por isso que levei quase vinte anos para escrever este livro. Além de estudar diversas pessoas notoriamente bem-sucedidas para confirmar a validade universal da equação, eu a ensinei ao máximo de pessoas que pude e depois as vi criar diversos tipos de milagres. Contudo, ainda precisava de provas de que a Equação do Milagre funcionaria para qualquer pessoa em qualquer situação.

Em resumo, ela funciona mesmo.

Aqui está uma breve lista de pessoas que usaram a Equação do Milagre com sucesso e contaram suas histórias a respeito:

Angela May era mãe e não tinha a ajuda do pai para prover a família. Ganhava 12 mil dólares por ano como barista na Starbucks até decidir abrir a própria empresa. Em um ano ela conseguiu a

DE IMPOSSÍVEL... A IMPROVÁVEL... A INEVITÁVEL **43**

primeira renda de seis dígitos, e aumentou os ganhos para sete dígitos nos três anos seguintes.

Tim Nikolaev saiu da Rússia para os Estados Unidos aos 16 anos, aprendeu a Equação do Milagre aos 17 (enquanto trabalhava na Cutco) e a usou para construir a vida dos seus sonhos. Agora, com trinta e poucos anos, ele conquistou a independência financeira e basicamente se aposentou (o que significa que sua renda passiva com imóveis excede as despesas e ele trabalha apenas se e quando desejar). A lição mais valiosa aprendida por Tim foi: em geral, não é possível prever como será o caminho para um objetivo aparentemente inalcançável, mas, ao dar tudo de si até o último minuto, independentemente dos resultados, você inevitavelmente conquista o seu objetivo, às vezes até algo melhor.

Shelley Boyes tinha o sonho de criar um lar para jovens mulheres que enfrentam transtornos alimentares e dependência de drogas, mas não sabia por onde começar. A Equação do Milagre revolucionou seu modo de pensar e fez Shelley acreditar que podia fazer tudo o que acreditasse ser possível. A Homestead for Hope da Choose Life Ministry.

Brandon LaBella tinha o sonho de participar da Maratona de Nova York de 2017. Três dias antes da corrida, ele rompeu o ligamento colateral medial do joelho e foi obrigado a usar muletas. Em vez de desistir da corrida, Brandon pesquisou o tempo mais rápido entre os corredores de muletas das edições anteriores da maratona e decidiu superá-lo. Pelos poderes combinados da *fé inabalável* e do *esforço extraordinário*, decidiu que iria terminar a corrida, independentemente do que acontecesse. Brandon tomou coragem, seguiu em frente e superou o tempo mais rápido, estabelecendo um novo recorde mundial!

Carey Smolensky começou uma empresa de DJs aos 14 anos. Ele estudava Odontologia e decidiu largar tudo para seguir suas

44 A EQUAÇÃO DO MILAGRE

paixões, alimentado pela *fé inabalável* e pelo *esforço extraordinário* a fim de buscar o futuro na produção de eventos e no entretenimento. Agora, quarenta anos depois, o grupo de empresas de Carey produz eventos no mundo inteiro, divertindo mais de um milhão de pessoas. Ele expandiu a companhia, que fatura milhões de dólares por ano, e continua usando a Equação do Milagre para conquistar seus objetivos: escreveu um livro sobre paixão e lançou com sucesso a própria conferência anual, chamada Passion Summit.

Em 2016, Angel Morales viajou o mundo sozinho por 11 meses. Ele visitou 26 países em cinco continentes. Passou dois anos economizando, pesquisando e se preparando para realizar esse sonho. Quando ele dizia que ia largar o emprego e viajar o mundo, ninguém acreditava, mas, graças à *fé inabalável*, Angel comprou a passagem de volta ao mundo e transformou o sonho em realidade.

Ales Backus foi de adolescente deprimido e com tendências suicidas que jogava videogame o dia inteiro a artista e professor de tecido acrobático que inspira pessoas de todas as idades a realizar seus sonhos e enfrentar as adversidades. Ales continua usando a Equação do Milagre, que o levou a triplicar seus ganhos nos últimos 12 meses.

Em 24 meses, Ken Wimberly perdeu mais de 13 quilos, quitou dívidas de 352 mil dólares e fez sua empresa de corretagem sair de 20 para 70 milhões de dólares em lucros anuais.

Vincent Valenti se casou com a mulher dos seus sonhos, comprou a casa que sempre desejou, escreveu um livro infantil, abriu duas empresas e vendeu uma.

Jessie Walters sofria com uma ansiedade que a impedia de sair da cama e agora é uma corretora de imóveis bem-sucedida e palestrante em sua igreja.

DE IMPOSSÍVEL... A IMPROVÁVEL... A INEVITÁVEL   45

Mike Eaton perdeu quarenta quilos e realizou o sonho de ser comediante de stand up.

Theresa Laurico, produtora do filme de *O milagre da manhã*, foi atropelada por um ônibus e teve o corpo destruído durante as filmagens (na mesma época em que eu fazia tratamento para o câncer). Nós nos ajudamos e usamos a Equação do Milagre para obter a recuperação total.

Quando reuni essas histórias, até tentei bancar o advogado do diabo para ver se encontrava alguém que não tivesse usado a *fé inabalável* e o *esforço extraordinário* para conquistar seus objetivos, mas não encontrei uma pessoa sequer.

Ao longo deste livro vou contar mais histórias de indivíduos do mundo inteiro, de *Mestres dos milagres* famosos a pessoas cujos nomes você provavelmente desconhece, que criaram milagres tangíveis e mensuráveis usando a *Equação*. Cada história mostra o que é possível para *você*. A beleza da *Equação* é que ela funciona para qualquer objetivo, grande ou pequeno, e para qualquer pessoa que tome e *mantenha* as duas decisões.

A SUA JORNADA COM A EQUAÇÃO DO MILAGRE

O restante deste livro servirá como ponte para a vida que você deseja, não apenas desejando por desejar, mas entendendo como passar do desejo à criação. Vou ensinar todo o processo (sim, é um processo) para que produzir milagres tangíveis e mensuráveis se transforme no seu normal. Quando você decide personificar as duas decisões, torna-se um *Mestre dos milagres*. Você vai pensar e viver de modo diferente do que fazia no passado, obtendo resultados diferentes no presente e no futuro.

46 A EQUAÇÃO DO MILAGRE

A primeira etapa para personificar sua nova identidade de *Mestre dos milagres* é identificar e superar o conflito humano inerente que existe em todos nós, mas em geral não temos consciência dele. No próximo capítulo, vamos explicar esse conflito, ver como ele se manifesta na sua vida e sair dele para conquistar os resultados que você deseja.

Capítulo 3

O CONFLITO HUMANO INERENTE

Como passar de limitado a ilimitado

*O mundo em que vivemos e a vida que percebemos
são um reflexo perfeito, um espelho da nossa realidade interior.*

— PATRICK CONNOR

Existe uma chance de você, como tantas pessoas, ter se esquecido de um fato básico a seu respeito: *Você não tem limites.*

Os seres humanos são feitos para a grandeza, e há provas abundantes desse fato. Todos os dias, antigas limitações são destruídas quando alguém usa o potencial limitado comum à humanidade e define novos padrões para o que *todos* são capazes de conquistar. As realizações de outras pessoas provam que você também consegue. Tudo o que você deseja para a sua vida está disponível agora. Basta decidir e correr atrás.

Se você pensar na infância, talvez se lembre de sentir isso em relação a si mesmo. Ser bailarina ou jogador de futebol famoso parecia totalmente plausível e dentro do seu alcance. Você nunca pensou que as conquistas mostradas pela sua mente estivessem fora de alcance. *Tudo era possível.* O futuro não tinha limites. Alguns perderam totalmente essa percepção. Outros podem se lembrar dessa perspectiva com um pouco de esforço ou cogitar "o que poderia ter acontecido se eu tivesse seguido por outro caminho". Mesmo assim, esse sentimento parece longínquo e pouco relevante para a vida que

48   A EQUAÇÃO DO MILAGRE

esses indivíduos levam atualmente, com uma pilha de contas para pagar, um trabalho nada realizador e alguns quilos extras dos quais não conseguem se livrar. Entretanto, não se lembrar dessa informação não a torna falsa nem a deixa menos relevante.

Então, como é possível esquecer esse fato importante?

Embora não seja culpa nossa, estamos nos sabotando sem saber, e isso piora à medida que envelhecemos. Sei que não é exatamente animador, mas é verdade. Enfrentamos obstáculos difíceis na vida, tanto internos quanto externos. E esses obstáculos podem ser traiçoeiros. Frequentemente nós nem sabemos que eles existem.

Para começo de conversa, temos uma tendência programada no cérebro que constantemente nos tira do caminho para a grandeza. A natureza humana inata nos leva a escolher o caminho mais fácil, a duvidar de nós mesmos e a desistir na primeira dificuldade. O caminho mais fácil geralmente é mais confortável a curto prazo, e o cérebro traduz esse conforto como *é isso que preciso fazer*.

À medida que crescemos e nos tornamos maduros o suficiente para absorver mensagens (tanto faladas quanto implícitas) das pessoas ao redor, aprendemos a seguir as regras, a nos encaixar e cooperar. Chegamos até a deixar que as crenças limitantes alheias influenciem e reprimam o que consideramos possível para nós. As pessoas que amamos oferecem um tapinha nas costas e o obrigatório "Pelo menos você tentou", mas não nos estimulam a usar todo o nosso potencial, provavelmente por não estarem usando o delas. E assim seguimos rumo às profundezas da mediocridade.

Depois de um tempo, nos tornamos conformistas e acabamos caindo naquele papo de "eu não consigo ser incrível". Acumulamos um arsenal de limitações autossabotadoras que, na maior parte das vezes, nem percebemos que temos. Fazemos um esforço *suficiente* para viver, passamos os dias correndo no piloto automático, sem objetivo ou intenção clara e permitindo que outros imponham seus limites a nós. No fim das contas, aceitamos menos do que realmente queremos e somos capazes de fazer. Tanto o cérebro quanto os amigos e parentes bem-intencionados prejudicam a nossa vida de milagres.

Puxa, como uma pessoa consegue criar uma vida extraordinária com todas essas barreiras constantemente jogadas em cima dela?

Boa pergunta. A resposta consiste em entender o conflito humano inerente que todos nós enfrentamos: **lá no fundo, sabemos que não temos limites, mas o cérebro e o mundo ao redor nos confinam e nos deixam menores do que somos.** Esse conflito leva à infelicidade, à ansiedade e à sensação constante de que há algo diferente, algo a mais, neste mundo. Nós sabemos disso, mas não sabemos o que fazer em relação a essa afirmação.

Até agora.

Para criar a vida mais extraordinária que se pode imaginar, a vida que você deseja, merece e está destinado a ter, é preciso superar esse conflito interno e trilhar o caminho que leva à grandeza. Não necessariamente será o caminho mais fácil, a opção que parece mais confortável ou até mais segura. Ao barganhar com a mente para tomar uma decisão que se resume a ser uma pessoa limitada (com base no seu passado) ou ilimitada (com base no seu potencial), escolha ser uma pessoa ilimitada. Ponto-final.

Não é fácil (eu nunca disse que seria), mas é possível especificamente para *você*. Se estiver disposto a ler até o fim deste capítulo, terá muitas percepções novas sobre o que está entre você e a vida milagrosa que merece viver. E você vai perceber: "Nossa, eu consigo mesmo."

Então, vamos começar.

A GUERRA INTERIOR

Vamos ganhar um pouco de perspectiva. Independentemente da sua situação de vida agora, esteja você no topo, enfrentando circunstâncias desagradáveis, dolorosas ou algo entre esses dois extremos, pense nisto: *Você está exatamente onde precisa estar (e é quem precisa ser) para aprender o que precisa ser aprendido a fim de se tornar a pessoa capaz de criar tudo o que sempre desejou.* Ufa. É uma frase comprida, mas eu acredito em cada palavra dela. Espero que você também acredite. Todas as suas experiências até este ponto na vida, incluindo as mais difíceis, são positivas quando você escolhe aprender com elas.

50   A EQUAÇÃO DO MILAGRE

Este é o obstáculo (e onde você precisa intervir): não viver a vida que deseja pode ou não ser culpa sua, mas *é sua responsabilidade* fazer as mudanças necessárias para chegar ao próximo nível. Ninguém vai fazer isso por você. Escolher uma vida Nível 10 cabe a você. E o primeiro passo para chegar lá consiste em superar esse conflito interno.

A escolha entre viver uma vida limitada ou ilimitada aparece de todas as formas. Devo largar o emprego e abrir uma empresa? Devo sair deste relacionamento mesmo sem saber se vou encontrar outra pessoa? Preciso mesmo deixar de comer o que gosto se quiser perder cinco quilos? Cada uma dessas decisões afeta uma área diferente da vida, mas todas se resumem a ser *limitado (pelo seu passado, seus medos, fracassos ou outras pessoas)* ou *ser ilimitado*. Pense em uma decisão que está na sua cabeça agora. Você pode analisá-la por esse prisma? Ela parece diferente quando você faz isso?

Quando escrevi *O milagre da manhã*, eu enfrentava constantemente o medo e a dúvida, que me tentavam a desistir e a interromper a escrita. Embora eu acreditasse no conceito e tivesse visto os resultados em primeira mão, uma voz interior dizia: "Quem sou eu para convencer as pessoas de que elas precisam acordar cedo? Como posso obrigar alguém a superar a crença limitante profundamente arraigada de 'Não sou uma pessoa matutina', na qual elas acreditaram (e o comportamento reforçou) a vida inteira?" Ainda bem que não deixei meu conflito interno ter a palavra final. Eu me recusei a permitir que os medos ditassem minhas ações.

Embora seja possível identificar centenas (talvez milhares) de formas pelas quais esse conflito aparece na vida, existem quatro conflitos internos que tendem a aparecer com mais frequência e que devemos superar. Primeiro, temos um cérebro que registra novas oportunidades como *perigosas*. Também rejeitamos a ideia de que merecemos tudo o que desejamos e acabamos nos contentando com esforços e resultados medíocres em uma, várias ou todas as áreas da vida. Perdemos de vista o dom inato e não conseguimos ver tudo o que podemos conquistar. Por fim, deixamos que o mundo influencie nosso pensamento e até nos defina, usualmente nos levando a acreditar que somos menos capazes. Lutando contra todas essas limitações está a crença de que existe um potencial inexplorado dentro de você. E, assim, a angústia interna persiste.

Cada um desses conflitos isolados basta para causar um dano real aos seus grandes planos em relação à vida. Juntos, porém, eles praticamente impedem a conquista do que você realmente deseja. Vamos nos aprofundar e explorar esses conflitos para entender de onde eles vêm e quais serão os resultados se você não superá-los. No fim do capítulo, vamos ensinar a superar cada um desses conflitos para você poder criar a vida pela qual está esperando.

O MEDO IRRACIONAL DA OPORTUNIDADE × MANTER O *STATUS QUO*

A maioria de nós entra em ciclos de ficar totalmente empolgado com um novo objetivo e depois parar abruptamente quando tudo fica difícil ou até mesmo antes de começar. Por que isso acontece?

Tudo começa com o cérebro humano, um órgão bem incrível. É a central de comando: mantém os pulmões respirando, o coração batendo e o corpo se movendo. Ele até nos permite determinar se a vida está indo bem ou mal ao se concentrar nos aspectos da nossa existência que nos fazem sentir bem ou mal. Tudo o que fazemos ou não fazemos começa no cérebro. Por outro lado, embora o cérebro nos permita ter experiências na vida, ele também nos atrapalha na criação da vida que desejamos.

Todos nós nascemos com um potencial ilimitado, e também com um cérebro que funciona baseado em vários reflexos primitivos e pré-históricos. Somos programados para avaliar o ambiente em busca de perigo, pois, lá no tempo dos homens das cavernas, não ver um leão se movendo rapidamente significava uma morte dolorosa. Comer as plantas erradas poderia ser tóxico. Enfim, era possível encontrar situações de vida ou morte várias vezes por semana. Estávamos apenas tentando sobreviver a mais um dia, literalmente. Por sorte, a maioria de nós não vive esse tipo de experiência com frequência, e muitos nunca viveram algo do tipo, mas o cérebro não sabe disso. Ele continua paranoico, sempre avaliando o ambiente em busca de ameaças em potencial, em uma tentativa constante de nos manter em segurança.

52 A EQUAÇÃO DO MILAGRE

Em vez de temer a morte, contudo, o cérebro fica em alerta máximo para tudo o que possa nos tirar da zona de conforto. O medo da morte foi substituído pelo medo do fracasso e do desconforto, tanto emocional quanto físico. Ficar em segurança não é mais uma questão de evitar predadores: agora nós também evitamos oportunidades. Na maior parte das vezes, tememos o desconhecido. Quando uma nova oportunidade que nos levaria a nos desenvolver para ser a pessoa que gostaríamos de ser aparece, o cérebro toca o alarme e nós imediatamente pensamos em tudo o que pode dar errado: "Eu posso fracassar, passar vergonha ou me decepcionar." Todo esse estresse atrapalha a tomada de decisões inteligentes e prejudica o bem-estar emocional. Às vezes parece que as emoções nos controlam, e não o contrário.

As circunstâncias externas começam a ditar nosso estado interno. Ficamos reativos e perdemos espaço para pensar com calma na melhor forma possível de reagir a qualquer situação. Quando as emoções assumem o controle, é quase impossível manter o foco em nossos objetivos, pois qualquer obstáculo parece insuperável e nós rastejamos de volta para a caverna da zona de conforto. Embora seja escuro lá dentro, dá uma sensação de segurança.

Toda a nossa energia e foco mental estão direcionados para tentar desligar essa resposta ao estresse (o que só piora a situação, por sinal). Assim, uma grande oportunidade é interpretada como difícil demais, perigosa demais e um passo maior do que a perna. Qualquer oportunidade que nos afaste do que entendemos como normal é percebida como algo a ser evitado.

Os *Mestres dos milagres* descobriram algo que o resto de nós ainda não sabe: como driblar essa resposta ao estresse, ou, mais precisamente, como desligá-la quando é prejudicial ou nos impede de avançar. Eles treinaram o cérebro para entender a diferença entre uma situação desconfortável e algo que seja realmente uma situação de vida ou morte. Eles escolhem substituir o medo do que pode dar errado pela escolha consciente de se concentrar e manter a fé em que tudo vai dar certo. Eles investem tempo para explorar e buscar as possibilidades que vão deixá-los felizes e realizados, mesmo sabendo que a possibilidade de fracasso sempre existe (embora não seja bem assim que funciona, como você vai aprender no Capítulo 5, "Um novo paradigma de possibilidades"). Em vez de dar corda para o medo e os antigos fracassos, os *Mestres dos milagres* entendem que é crucial ter fé na própria capacidade e descobrir ativamente os passos que precisam dar para transformar os objetivos mais significativos em realidade. Ao assumir o controle do cérebro, eles assumiram o controle da própria vida.

A maioria de nós não faz isso. Dos estudantes do ensino médio que ainda vão entrar no mercado de trabalho até os CEOs da *Fortune 500*, todos nós enfrentamos medos irracionais e uma resposta exagerada ao estresse. Precisamos levar em conta que esses medos irracionais sufocaram nossos sonhos e a vida que poderíamos ter. Em vez de temer e evitar oportunidades, precisamos respirar fundo e correr na direção delas. Precisamos estar dispostos a falhar, aprender com os próprios erros e tentar de novo. É preciso substituir o medo pela fé (vamos falar muito disso mais adiante). Acredite, não existe outra forma de resolver esse conflito e conquistar o sucesso.

MERECIMENTO MALDIRECIONADO × MERECIMENTO ESCLARECIDO

Independentemente da sua forma de definir o sucesso Nível 10, tenho certeza de que, se você está lendo este livro, gostaria de tê-lo em maior quantidade. Mas que nível de sucesso você acredita que merece?

Infelizmente, a maioria de nós não acredita de verdade que merecemos mais do que temos ou do que as pessoas próximas têm. Esse nível de sucesso, felicidade e realização ao qual estamos acostumados se torna o padrão de normalidade que esperamos para o futuro. Dessa forma, continuamos a perpetuar o passado, sem planos de ter uma vida melhor mais adiante. Muitos de nós nem passamos do portão por não acreditar que merecemos o que está no fim da estrada. Para se tornar um Mestre dos milagres é preciso não só acreditar que os seus maiores objetivos e sonhos são possíveis, prováveis e inevitáveis como saber que você *merece* conquistá-los. Sem esta última parte você não vai atingir o objetivo, pois não acredita que merece chegar lá e sempre vai achar uma desculpa para fugir da sua grandeza. No entanto, quando você acredita que merece o sucesso, luta por ele.

54 A EQUAÇÃO DO MILAGRE

Sei que a palavra *merecimento* pode causar uma impressão ruim em algumas pessoas, pois muitas vezes está associada a indivíduos que acreditam merecer privilégios ou recursos especiais embora não tenham agido para merecê-los. Essa noção de merecimento geralmente está associada ao narcisismo ou à arrogância, e uma pessoa com complexo de merecimento parece uma criança incapaz de aprender que não é o centro do universo. A sensação de merecer algo independentemente de fazer ou não algum esforço é o que a maioria das pessoas considera merecimento, mas existem outras duas formas de merecimento e você precisa conhecê-las. Uma deve ser o seu objetivo, enquanto a outra precisa ser evitada.

O *Merecimento esclarecido*, o que devemos buscar, é caracterizado por uma crença fundamental: cada um de nós merece e é tão capaz e digno de criar e ter tudo o que deseja na vida (isto é, tudo o que estejamos dispostos a nos esforçar para conquistar) quanto qualquer outra pessoa da Terra. Quase toda grande conquista começa por acreditar na capacidade individual de fazer o esforço para consegui-la *e também* por acreditar que você merece o sucesso subsequente. Esse tipo de merecimento é saudável e um pré-requisito para criar milagres tangíveis e mensuráveis, pois reforça a crença no próprio potencial e o reconhecimento desse potencial. Sendo bem honesto, isso é difícil para muita gente, até para mim. Nós evitamos reconhecer o próprio esforço e ficamos constrangidos quando alguém nos elogia ou agradece por um trabalho bem-feito. Às vezes até rebatemos na mesma hora, dizendo "Ah, não foi nada demais", mesmo quando foi. Receber elogios é desconfortável. Pense no quanto é mais difícil correr atrás de um objetivo quando você não sente que o merece. É quase impossível fazer o esforço necessário para criar resultados milagrosos quando você não acredita que merece sua conquista.

Em geral, o *Merecimento esclarecido* é o que você vai usar para ativar a *fé inabalável*. Você vai considerar mais fácil acreditar que merece o resultado final do que acreditar na própria capacidade de chegar lá, mas isso não acontece com todo mundo nem com todos os milagres. No meu caso, eu sei que buscar essa sensação de merecimento nem sempre é fácil. Vejo outras pessoas com dificuldades ou menos afortunadas e penso: "Por que eu mereço ser mais feliz ou ter mais sucesso que elas?" Lembre-se de que às vezes é preciso caprichar no *esforço extraordinário* antes de vivenciar o Merecimento esclarecido. É preciso fazer um esforço consistente, e, quanto mais você se esforça, mais natural é a sensação de merecimento. A ordem é menos importante que o fato de que você precisa ter tudo o que merece e tudo o que deseja e está disposto a se esforçar para conseguir. É assim que a Equação do Milagre funciona. Os *Mestres dos milagres* reconhecem a própria contribuição e acreditam que merecem ser recompensados pelos seus esforços.

Na outra ponta do espectro temos o *Merecimento maldirecionado,* que não passa de preguiça disfarçada. Nós dizemos: "Ah, eu mereço este biscoito. Estou comendo direitinho" ou "Eu mereço comprar este objeto do qual não preciso. Estou gastando direitinho." Essas frases parecem familiares para você? Todos nós fazemos isso de vez em quando, mas é prejudicial.

Esse comportamento reforça a mediocridade, pois nos recompensamos por fazer tudo "direitinho". Mas "direitinho" não é ótimo e certamente não o aproxima de resultados milagrosos; apenas permite que você premie um desempenho abaixo do padrão e dê espaço para a preguiça. Assim como trabalhar até a exaustão e o esgotamento não é saudável, fazer menos do que deveria prejudica a conquista dos seus objetivos.

Aceitar o esforço medíocre impede você de conquistar o sucesso Nível 10, e o nível de esforço necessário para isso é proporcional ao tipo de conquista. Quem está treinando para correr uma maratona provavelmente vai correr cinco dias por semana, enquanto uma pessoa que está tentando ser mais saudável talvez precise caminhar apenas trinta minutos algumas vezes por semana. E só você sabe a quantidade de esforço que está fazendo quando ninguém está olhando. A sua definição de sucesso Nível 10 também depende de você e do que está tentando conquistar. A questão é alinhar suas ações e a quantidade de esforço necessário ao seu objetivo para você sentir que merece conquistá-lo e não cair na armadilha da preguiça.

Vamos ser sinceros: a preguiça dá uma sensação boa. Quem não gosta de ver televisão e ficar deitado no sofá, sem qualquer responsabilidade, preocupação ou culpa? *Mas* (e este é um imenso *mas*) para ser preguiçoso sem culpa é preciso conquistar algo de modo a se recompensar com uma preguiça *merecida*. Eu tenho a regra de passar um tempo com meus filhos,

56 A EQUAÇÃO DO MILAGRE

fazer algo que agrega valor à vida da minha esposa e terminar todas as tarefas do trabalho antes de apreciar a preguiça "sem culpa". Se você vai "maratonar" alguma série na Netflix, não vou julgar, mas só faça isso *depois* de riscar da lista as prioridades do dia.

Há um grande problema com a preguiça que não vem antecedida por algo para merecê-la: ela impede você de acreditar que merece mais sucesso. Quando você não faz o esforço adequado, não merece o que está buscando, e sabe disso. Isso o leva a não acreditar em si mesmo e a achar que não merece algo melhor. Por isso o *Merecimento maldirecionado* é tão perigoso.

Outro obstáculo que nos impomos, e uma manifestação do *Merecimento maldirecionado*, é "manter-se ocupado". Quantas vezes você disse a si mesmo que não pode aproveitar uma nova oportunidade ou arrumar tempo para trabalhar no seu maior sonho porque está (rufem os tambores!) *ocupado demais* para isso? Estar ocupado demais basicamente significa fazer algo que não importa. Nós nos enganamos para pensar que somos produtivos e, portanto, merecedores do sucesso, mas lá no fundo sabemos que é mentira.

No livro pioneiro *Deep Work: Rules for Focused Success in a Distracted World*, Cal Newport explica que a capacidade de fazer trabalhos profundos ou de se concentrar em uma tarefa que exija muito processamento cerebral por um longo período do tempo está diminuindo a ponto de se transformar cada vez mais em vantagem competitiva. Quem consegue desenvolver essa habilidade é recompensado. No contexto dos milagres, apenas quem consegue se afastar das distrações ao redor, sem gastar tempo em tarefas irrelevantes e concentrando a atenção e a energia mental (e física) em um só objetivo por um longo período de tempo, é capaz de criar milagres tangíveis e mensuráveis. Manter-se ocupado perdendo tempo com atividades não prioritárias se opõe diretamente a essa ideia.

Quando olhamos para uma lista de tarefas, é natural girar em torno das atividades de menor prioridade e risco, com menos consequências significativas associadas a elas. Entre essas atividades estão verificar e-mails, postar nas redes sociais, fazer pesquisas na internet, qualquer tipo de organização física ou digital ou até o desenvolvimento pessoal, se você usá-lo para justificar a procrastinação de outras tarefas de prioridade mais alta. Ao nos ocuparmos com atividades de baixa prioridade, nós nos distraímos, evitando o envolvimento nas atividades que realmente importam e que vão nos levar à conquista dos nossos objetivos e sonhos mais significativos. Fazer atividades de alta prioridade pode ser assustador, pois elas têm consequências que podem ser importantes para nossas vidas e nos obrigar a usar a desculpa do "eu mereço". Preencher o tempo com atividades de baixa prioridade nos impede de acreditar que merecemos o sucesso desejado.

POTENCIAL DISMÓRFICO × POTENCIAL REAL

Você vai ler mais adiante sobre o período em que fui diagnosticado com um tipo de câncer muito raro e agressivo aos 37 anos. Quando comecei o tratamento, meu peso caiu rapidamente de 75 para 57 quilos. Treze desses quilos sumiram nas primeiras três semanas. Com 1,80m de altura, fiquei com as maçãs do rosto mais proeminentes, assim como as costelas e os ossos do quadril. Também perdi todos os pelos do corpo. O interessante é que, quando me olhava no espelho, eu continuava vendo o antigo eu, exceto pelo cabelo. Eu não via um paciente de câncer abatido; enxergava a mesma pessoa de sempre.

Racionalmente, eu sabia que o meu corpo estava diferente. Quer dizer, perder 18 quilos é muito, especialmente para quem já era magro. Na verdade, aproximadamente um quarto do meu peso corporal despareceu em questão de semanas. Quando falei para a minha esposa, Ursula, que eu acreditava ter basicamente a mesma aparência, a expressão no rosto dela rebateu minha afirmação. Sem contar que meus pais, cheios de boas intenções, tentavam me alimentar sempre que nos víamos. As mensagens que eu recebia do mundo exterior eram bem diferentes da minha percepção interna. Nesse caso, a minha percepção estava distorcida.

Eu pensava: "Deve ser assim que se sente uma pessoa com dismorfia corporal, que sofre de insegurança devido a uma imperfeição física pequena ou percebida, mas ao contrário." Essas pessoas se exercitam até a exaustão porque se consideram gordas quando a balança visivelmente mostra que

58 A EQUAÇÃO DO MILAGRE

estão no peso adequado. Elas ficam obcecadas por desviar a atenção do nariz, considerado grande demais para o rosto, mesmo que ninguém mais perceba. Elas não conseguem ver seu próprio corpo de um jeito preciso. E eu também não conseguia.

Infelizmente, fazemos o mesmo com o nosso potencial. Não vemos o que somos capazes de fazer. Na verdade, se você fizesse uma pausa e ouvisse os seus pensamentos por um instante, provavelmente notaria várias declarações negativas que a maioria de nós repete inconscientemente: "Eu não tenho valor. Sou azarado. Sou ocupado demais. Sou preguiçoso. Não sei por onde começar. Ele/Ela é melhor do que eu. Tentei melhorar esta área da minha vida, mas não consegui." Declarações negativas desse tipo formam a gravação que ouvimos na cabeça tantas vezes que as consideramos verdadeiras e agimos de acordo com elas.

Nós relembramos fracassos anteriores, dizendo "Nunca mais vou tentar fazer isso", internalizamos comentários negativos sobre nossa capacidade ao longo dos anos, além de buscar evidências para basear e até comprovar nossas limitações. Após tudo isso, chegamos a conclusões sobre o que acreditamos ser realista ou provável de conquistar com base em paradigmas do passado e acabamos carregando a falsa crença de não sermos tão capazes quanto realmente somos. Não existe uma pessoa no planeta, incluindo as mais bem-sucedidas, que não veja fracassos ao olhar para o passado. O importante é: você não precisa viver assim. É possível escolher de modo consciente e tomar decisões com base no seu futuro ilimitado.

Em *O Milagre da Manhã* existe um capítulo chamado "O e-mail que mudará sua vida", no qual conto a seguinte história: ao perceber que não tinha uma visão precisa dos meus pontos fortes e fracos, mandei um e-mail para mais de vinte pessoas que me conheciam bem e pedi um feedback honesto. Esse grupo incluía família, amigos, colegas, mentores e até algumas ex-namoradas. As respostas me abriram os olhos e me motivaram, além de terem sido pouco dolorosas. Foi como se eu me enxergasse em três dimensões e de modo completo, como eu me via e como várias pessoas que me conheciam em vários níveis me viam. Esse exercício mudou a minha vida, pois aceitei o feedback e mudei o comportamento de acordo com ele. E a experiência também mudou a vida de muitas pessoas. Se você acha que não consegue se enxergar com precisão e de modo completo (e provavelmente não consegue mesmo), vale muito a pena fazer.

Todos os que passaram de medianos a extraordinários começaram se vendo como melhores do que já foram no passado. Eles estavam dispostos a se ver com base na própria capacidade ilimitada e a viver de acordo com essa visão. Não é fácil conseguir isso no começo, pois pode parecer falso, mas, quando você revisita essa visão frequentemente (digamos, todos os dias) ao longo do tempo, ela passa a ser cada vez mais real, porque representa o seu verdadeiro eu. Ao longo do tempo, a visão se transforma na sua nova identidade, inevitavelmente se tornando a nova realidade para você.

O MUNDO DEFINE VOCÊ × VOCÊ SE DEFINE

Se você já sofreu para entrar em uma calça jeans apertada, sabe como é horrível. O botão fica agarrado na barriga, o tecido prende na perna e pode ser difícil até andar normalmente. Além de a aparência não ser bonita, a sensação é de desconforto.

Na verdade, fazemos algo parecido com a vida. Ao permitir que outras pessoas ditem quem devemos ver, nós acabamos sufocando o instinto de ser diferente, fazer algo do nosso jeito e lutar pelo que realmente queremos. Sofremos para nos encaixar em um molde no qual os outros acreditaram que devíamos caber. Ao longo desse processo, não conseguimos nos mover com tanta liberdade quanto gostaríamos, pois ficamos confinados, restritos ou controlados pelas expectativas alheias e isso é desconfortável.

A maioria de nós foi ensinada a pensar pequeno, a não ser diferente, a se encaixar e a seguir as *regras criadas por outras pessoas*. Essas regras foram criadas para que possamos conviver em sociedade, mas trabalham contra o desejo humano inato de conquistar o sucesso Nível 10. Em nenhum momento a educação formal me ensinou a pensar fora da caixa, explorar meus dons singulares ou descobrir as regras seguidas pelas pessoas mais bem-sucedidas

60 A EQUAÇÃO DO MILAGRE

do mundo, que poderiam ter me oferecido um mapa preciso do caminho para me juntar a eles. Onde estava isso no meu currículo escolar?

A vida-padrão consiste em ir para a escola, conseguir um emprego fixo e trabalhar até os 65 anos, quando você terá dinheiro suficiente para uma aposentadoria medíocre, se tiver sorte. Somos condicionados a ser responsáveis, dóceis, medianos e a nos encaixar, mas todo esse comportamento é aprendido. Não tem nada a ver com quem você é ou decide ser.

Acabamos aprendendo a desconfiar dos próprios instintos e ficamos cínicos em relação ao nosso potencial. Encaramos pessoas que tiveram sucesso extraordinário como "fora de série". Elas são "diferentes". Desde a infância e ao longo de muitos anos, somos condicionados pelas crenças alheias sobre o que é possível para nós. Embora se obrigar a entrar nesse molde seja o caminho de menor resistência, ele nos deixou onde estamos agora: buscando meios de utilizar nosso potencial completo.

Como Nick percebeu, no fundo sabemos que somos capazes de mais, e queremos mais. Queremos ter uma vida significativa e fazer a diferença no mundo. Muitos podem ouvir a voz interna dizendo que somos capazes disso. Pode ser uma voz baixinha e geralmente abafada por medos e inseguranças, mas está lá. Talvez você já tenha ouvido essa voz interior.

Superar as limitações em ação

Recentemente fui apresentado a uma das pessoas mais inspiradoras que já conheci: Nick Santonastasso, de 22 anos. Ele nasceu com a síndrome de Hanhart, condição genética extremamente rara que o deixou sem pernas, com o braço direito não completamente formado e o esquerdo com apenas um dedo. No vídeo *My Life Story* [História da minha vida], feito em 2014 para o YouTube, ele explicou que existem apenas 12 casos conhecidos da síndrome de Hanhart. Nick está entre os quatro portadores vivos no mundo todo.

> Por incrível que pareça, ele nunca deixou as limitações físicas atrapalharem seus interesses ou sonhos. Nick anda de skate, faz wakesurf, foi membro da equipe de luta livre no ensino médio, participou de competições de fisiculturismo e é modelo fitness. Ele também apareceu na CNN e na Fox e virou astro da internet graças aos seus vídeos hilários no YouTube. Quando Nick esteve no *Today Show*, aos 12 anos de idade, explicou de onde veio essa sensação de não ter limites: ele sabia que tudo era possível e só queria experimentar atividades que considerava divertidas e das quais poderia gostar. Nick não tinha medo de cair, pois sabia que poderia levantar e tentar de novo.
>
> Apesar da situação difícil, Nick jamais hesitou em relação à própria identidade e ao que deseja, criando uma vida extraordinária. Ele sempre soube exatamente quem era e tinha certeza de que estava destinado à grandeza, não importava o que acontecesse. Não havia outra opção.
>
> Além de ser fisiculturista e modelo fitness, Nick agora divulga sua mensagem inspiradora como palestrante motivacional. Na verdade, acabei de contratá-lo para falar no evento Best Year Ever [Blueprint] do ano que vem.

Como você se define?

Se você ainda não consegue responder a essa pergunta com firmeza, não se preocupe. Muita gente também não consegue e cospe um bando de rótulos dados por outras pessoas e que consideramos um evangelho: "Sou marido/esposa, mãe/pai, advogado/estudante, criativo/analítico, do lar/provedor." Os rótulos não acabam. Mas eles realmente definem o ser ilimitado que você é?

62 A EQUAÇÃO DO MILAGRE

Quando crianças, todos fomos rotulados de alguma forma. Seja um diagnóstico clínico ou apenas um apelido dado pela família, o problema é que frequentemente crescemos absorvendo esses estereótipos obtidos na infância. Alguns de nós eram *anjos* (minha irmã), outros eram *pestes* (eu). E há também os *atletas* ou *artistas*.

Esses nomes e rótulos ajudaram a forjar nossa identidade com base na forma como os outros nos viam. Aprendemos rapidamente a nos definir com base nas percepções alheias. De certa forma, esses estigmas também moldaram nosso círculo de amizades, atividades, o que gostamos e não gostamos e nossas ambições para o futuro. Veja bem: não estou dizendo que apelidos bobos de infância e diagnósticos médicos sejam inerentemente ruins. Os apelidos geralmente são uma forma de afeto (as pessoas me chamam de "Yo Pal Hal". Foi a minha mãe que escolheu esse apelido quando trabalhei como DJ de rádio aos 15 anos). Os diagnósticos médicos podem nos guiar rumo à ajuda de que precisamos. O problema surge quando permitimos que esses nomes e estereótipos nos definam e limitem e trazemos essas descrições para a vida adulta, onde continuamos a contar com os outros para nos dizer quem somos.

Tenho uma preocupação particular em relação a isso com meus filhos, e tento protegê-los de rótulos que podem defini-los e confiná-los. Minha filha, por exemplo, acredita que tem TDAH, e eu nem sei o motivo. Não houve um diagnóstico formal e nenhum dos professores a classificou dessa forma. Talvez ela tenha me ouvido falar sobre o meu TDAH (fui diagnosticado formalmente depois de adulto). Independentemente da maneira como ela botou isso na cabeça, não quero que a menina use esse autodiagnóstico para limitar suas capacidades.

Quando falo disso com minha filha, eu descrevo o TDAH como uma característica de personalidade que algumas pessoas têm a sorte de apresentar. Ela nos permite ser criativos e esbarrar em grandes ideias (já que a mente está sempre pulando de uma ideia para a outra). Também procurei no Google frases como "pessoas famosas/bem-sucedidas com TDAH" para encontrar histórias de indivíduos que nunca se deixaram limitar pelo diagnóstico e destaquei suas conquistas para provar que isso pode ser uma vantagem. Também expliquei que nós conseguimos ter foco, embora seja preciso trabalhar um pouco mais para mantê-lo. O objetivo foi dizer que ninguém define o que ela pode fazer exceto ela mesma. Em alguns dias minha filha aceita essa explicação mais facilmente, mas, como os adultos costumam fazer, às vezes ela luta pelas próprias limitações.

... E ASSIM JUSTIFICAMOS AS NOSSAS LIMITAÇÕES

Todos nós já fomos magoados, decepcionados e traídos. Todos nós vivenciamos situações com um desfecho diferente do que desejávamos. Sim, isso é horrível, mas pior ainda é permitir que essas experiências afetem a nossa visão de mundo. O medo de se magoar novamente impede você de assumir riscos e buscar oportunidades, fazendo-o viver com menos do que poderia.

Pior ainda é quando permitimos que a mágoa leve ao ciclo autodestrutivo de brigar por nossas limitações, reforçando continuamente a crença na incapacidade de fazer, ser ou ter algo que desejamos devido a alguma experiência isolada. Nós "fugimos" de cada nova oportunidade por acreditar não sermos qualificados, capazes ou por achar que não vai dar certo, e depois nos perguntamos por que a vida dos nossos sonhos não saiu exatamente como esperávamos.

Você já ouviu alguém justificar suas reclamações dizendo algo como "Não sou negativo, apenas realista"? É um caso clássico de argumentar pelas limitações. Sério, não é nem lógico. Pense bem: como pode ser mais "realista" se concentrar e verbalizar nossas limitações (que inevitavelmente nos desestimulam a dar passos significativos para melhorar) do que se concentrar e verbalizar nossa capacidade ilimitada (que nos dá força e lembra que temos a capacidade de melhorar e conquistar tudo o que desejarmos?). Ambas são igualmente realistas, mas escolher em qual delas você vai se concentrar de modo consistente afeta tanto a sua qualidade de vida atual quanto o seu futuro.

64   A EQUAÇÃO DO MILAGRE

Além disso, ninguém realmente sabe o que é possível. Não há como saber. Todos os dias, algo que era considerado impossível vira possível e comum. Os especialistas acreditavam que era impossível um homem (ou mulher) correr 1,5 quilômetro em menos de quatro minutos. Mas isso mudou em 1954, quando o britânico Roger Bannister transformou o impossível em possível e correu 1,5 quilômetro em três minutos e 59,4 segundos. Quarenta e seis dias depois, John Landy bateu o recorde de Bannister. Hoje em dia, alunos do ensino médio superam a marca dos quatro minutos o tempo todo.

Algumas pessoas se lembram da época antes do e-mail, das mensagens de texto e máquinas de fax, quando o correio era o melhor jeito de enviar cartas e documentos corporativos. Tenho dificuldade para lembrar como dirigíamos para locais desconhecidos (especialmente à noite) antes do GPS. Houve uma época nem tão distante assim em que não andávamos com celulares grudados às mãos. Hoje eu tenho um robô falante em minha casa chamado Alexa que toca músicas para minha família, dá lembretes, procura receitas, conta histórias para os meus filhos, liga e desliga as luzes da casa, compra objetos na internet e faz todo tipo de tarefa. Há alguns anos isso só era possível nos filmes de ficção científica, e agora é uma realidade cotidiana. Se as pessoas que descobriram esses avanços tivessem cedido à "lógica" do cético, o mundo seria bem diferente do que é hoje.

Quando se trata do futuro e de como o universo realmente funciona, provavelmente existem mais fatos além da nossa compreensão do que a soma do conhecimento humano atual. Embora ter um nível saudável de ceticismo sobre a natureza humana ilimitada possa ser bom, uma dose saudável de otimismo pode ser ainda melhor.

COMO SUPERAR TODOS ESSES CONFLITOS

O que fazer para fugir desse conflito interno e entrar no sucesso ilimitado em todas as áreas da vida quando há tantos obstáculos diante de nós? Muita gente passa anos fazendo terapia, gasta dinheiro com coaches pessoais e perde tempo batendo a cabeça na parede para encontrar a felicidade. Veja bem, não estou dizendo que terapia ou coaching pessoal sejam inúteis. Acredito firmemente em ambos, mas também acredito que as pessoas podem ganhar muita experiência vivendo de acordo com duas decisões simples e capazes de mudar tudo o que começamos a explorar e que agora você conhece muito bem: *fé inabalável* e *esforço extraordinário*. Lembra do círculo de feedback que mencionei no Capítulo 1? Ele vai ser essencial agora.

Ao saltar para o *Merecimento esclarecido* e *decidir* que merece tudo o que deseja, mostrando-se disposto a fazer o esforço necessário e acreditando ativamente em sua capacidade ilimitada em vez de se basear nas limitações que você mesmo se impôs, será possível criar a energia e a motivação necessárias para melhorar a sua vida. Quanto mais você fizer isso, mais autêntico ficará, aumentando a fé na própria capacidade. Você sabe que é capaz de tudo porque determinou o que pode e não pode fazer. Não foi o seu passado, seus pais ou a sociedade. Apenas *você*. Tomar e manter essas duas decisões *por um longo período de tempo* é a forma de se libertar do conflito entre o desejo de não ter limites e as limitações que você se impõe.

O círculo de feedback vai colocar você no caminho certo para criar milagres tangíveis e mensuráveis. Sei que parece um pouco anticlimática a existência de duas decisões simples que supostamente vão tirar você do conflito interno que o aflige desde criança, o principal motivo pelo qual um nível alto e constante de sucesso fugiu de você no passado, mas é isso que acontece. Não deixe o medo irracional de novas oportunidades impedir você de vivenciar tudo isso.

Agora que você conhece as quatro manifestações fundamentais do conflito humano inerente e aprendeu a superá-las, podemos avançar para o próximo capítulo, onde vou dizer exatamente como entrar no estado emocional perfeito para que a Equação do Milagre funcione. Dica: será preciso liberar todas as emoções negativas que já atrapalharam você. Mas isso vai levar cinco minutos, eu prometo.

Capítulo 4

COMO SER EMOCIONALMENTE INVENCÍVEL

E liberar todas as emoções negativas que atrapalham o seu progresso

*A dor que você cria agora vem sempre de
alguma falta de aceitação, alguma resistência inconsciente.
No nível do pensamento, a resistência é um tipo de julgamento.
No nível emocional, é um tipo de negatividade.*

— ECKHART TOLLE

Você não odeia aquelas manhãs caóticas em que está atrasado e logo depois de tirar o carro da garagem descobre que houve um acidente na via expressa e o trânsito está completamente parado? Você tem um compromisso, e um congestionamento é tudo de que não precisa nesta manhã! Ou, pior ainda: e se uma pessoa que também estava atrasada se envolveu no acidente? "Coitado", você pensa. "Está ainda pior do que eu." Claro que você leva um milissegundo para desejar que a pessoa esteja bem, mas a atenção logo volta para si e o suprimento infinito de problemas com que se preocupar.

E quando você está contando que vai fechar um belo negócio? Você trabalhou nele por meses, vai trazer muito dinheiro para a empresa, melhorar a reputação dela no mercado, todos os detalhes correram perfeitamente.

68 A EQUAÇÃO DO MILAGRE

Só falta assinar o contrato, mas ele não chega no dia prometido. Quando você entra em contato para confirmar o fechamento do negócio, recebe o temido e-mail dizendo que o outro lado voltou atrás. "Nããão!" Depois de ler o e-mail pela terceira vez, você fecha a porta do escritório e passa o resto do dia pensando no contrato perdido.

E quando você compra dois ingressos para um show e planeja ir com a sua cara-metade? É a sua banda favorita, e vocês estavam esperando esta noite há meses. Você faz reservas para o jantar e até compra uma roupa nova para a ocasião especial. Não há outra pessoa com quem você gostaria mais de dividir essa experiência do que o seu parceiro ou parceira, e nada vai impedir vocês dois de assistirem a este show. Porém, uma semana antes, sua cara-metade diz que precisa fazer uma viagem de trabalho. Você passa os dias seguintes reclamando e explicando sua decepção para quem quiser ouvir.

A vida pode ser uma merda às vezes. Existem muitos aspectos dela que estão fora do nosso controle, e ninguém gosta da ausência de controle. Mas há uma luz no fim do túnel: existe uma abordagem testada e comprovada que basicamente elimina todas as emoções negativas no período de cinco minutos ou menos. Vamos parar por um momento e fazer a conexão entre sentir emoções negativas e criar milagres tangíveis e mensuráveis. Como já discutimos, os milagres nascem da possibilidade, da ideia de que tudo é possível para você e de que você merece todo o sucesso que está disposto a se esforçar para obter. Porém, quando o seu estado emocional não é excelente, seja por estresse, medo, preocupação, arrependimento, ressentimento ou qualquer outra emoção desagradável, você não está pensando no que é possível, fazendo ajustes finos nos seus planos ou elaborando soluções criativas para os seus problemas. Você não está cheio de energia, pois está mergulhado nas emoções negativas. Está lambendo as feridas, digamos assim. Enquanto isso, as possibilidades estão passando despercebidas, porque o cérebro está completamente ocupado por essas emoções negativas.

Você já pensou em qual é a causa de todas as emoções negativas que já sentiu? Estou falando de *todas* elas: raiva, fúria, frustração, tristeza, mágoa, medo, decepção, tédio, ódio, aborrecimento, vergonha, culpa, preocupação, todas mesmo. Se você pensar, provavelmente vai encontrar uma causa diferente para cada emoção negativa. Sempre temos algo ou alguém para culpar. "Estou com raiva do que ele disse. Estou chateado com o que aconteceu. Estou triste porque perdi algo (ou alguém). Estou estressado porque estou lidando com muitos problemas. Estou preocupado porque a situação pode não sair do jeito que planejei." Nós supomos erroneamente que as causas da dor emocional são as circunstâncias, situações e pessoas que não atendem a nossas expectativas. Isso está longe de ser verdade.

A dor emocional e esses momentos desagradáveis não têm a ver com o que acontece *ao nosso redor,* e sim com o que está acontece *dentro de nós.* Depois de ler este capítulo, você nunca mais vai precisar se sentir mal. O que você está prestes a aprender desafia a natureza humana e o que fomos condicionados a considerar como causas das emoções negativas, além de ser a chave que abre a porta para a invencibilidade emocional. Ser emocionalmente invencível significa que *você* estará no controle das emoções e nunca mais precisará sentir dor emocional. A menos, é claro, que você queira (e, como você logo vai descobrir, existem momentos em que provavelmente vai querer).

ASSUMIR A RESPONSABILIDADE PELAS EMOÇÕES NEGATIVAS

Eu sei que isso vai parecer meio grosseiro, mas preciso dizer: *Toda emoção dolorosa que você já sentiu, está sentindo agora e vai sentir no futuro foi, é e será criada por você, além de ser totalmente opcional.* Estou falando de *todas* as emoções dolorosas ou desagradáveis que causem qualquer nível de dificuldade interna a você.

E se eu também disser que você tem o poder de liberar *todas* as dores emocionais do passado e do presente e de não criá-las no futuro? Em outras palavras, você tem o poder de não criar emoções negativas e de viver sem dores emocionais, começando hoje e mantendo isso pelo resto da vida. Isso é o que significa ser *emocionalmente invencível.*

70 A EQUAÇÃO DO MILAGRE

Vou contar a história de quando percebi que todo mundo tem a escolha de se livrar completamente das emoções negativas, não importa o quanto as circunstâncias externas sejam difíceis.

Quando eu tinha 20 anos, muitas adversidades emocionais vieram com tudo no meu mundo. Estava voltado para casa de uma palestra que dei em uma convenção da Cutco quando meu carro foi atingido de frente por um motorista bêbado a mais de 100 quilômetros por hora e de lado por outro carro com mais ou menos a mesma velocidade. Não foi o carro do bêbado, mas sim o segundo veículo que atingiu a porta do meu lado que fez a maior parte do estrago. Felizmente mais ninguém se machucou, mas eu não tive tanta sorte.

O impacto do segundo veículo empurrou a porta do meu carro para o lado esquerdo do meu corpo, quebrando onze ossos instantaneamente, incluindo fêmur, cavidade ocular e bacia em três lugares. Quinze minutos depois da batida eu fui retirado das ferragens do meu Ford Mustang pelos bombeiros com ferramentas hidráulicas. Naquele momento eu tive uma hemorragia e morri. O coração parou de bater por seis minutos. Por sorte, fui ressuscitado e levado de helicóptero para um hospital, onde passei os seis dias seguintes em coma.

Quando finalmente saí do coma, os médicos disseram que eu provavelmente ficaria preso a uma cadeira de rodas pelo resto da vida. (Não é a melhor notícia do mundo para receber ao acordar.) Eu não podia acreditar. É difícil ouvir uma coisa dessas em qualquer idade, mas, aos 20 anos, eu simplesmente pensei: "Isso não pode estar acontecendo. Tenho muitos objetivos que envolvem andar."

Respirei fundo, abri mão daquela reação automática inicial e pensei de novo no que os médicos tinham acabado de dizer. Naquele momento, no leito do hospital, lembrei que tinha a responsabilidade e a oportunidade de escolher a minha reação. Eu poderia escolher uma reação que me desestimularia e me jogaria para baixo, como: "Isso não é justo. Eu não mereço. Odeio que isso tenha acontecido comigo. Minha vida está arruinada." Ou eu poderia escolher uma reação que me estimularia e me daria forças, como: "Não posso mudar isso. E não há motivo para me sentir mal em relação às minhas circunstâncias. Tenho vários motivos para sentir gratidão. Eu decido o que fazer da minha vida." Eu tinha a escolha de resistir à realidade e manter os pensamentos e emoções negativos ou aceitar incondicionalmente a realidade e me livrar da dor emocional. Escolhi esta última opção.

Decidi aceitar incondicionalmente a minha nova realidade: "Sofri um acidente de carro, quebrei onze ossos, tive danos cerebrais permanentes e os médicos acreditam que nunca mais vou andar." Cheguei a essa aceitação no espaço de cinco minutos.

Você deve estar pensando: *Cinco minutos? Não acredito!* Ou talvez você seja proativo e esteja perguntando: *Como ele fez isso?* Bom, nos dezoito meses que levaram àquele acidente, enquanto trabalhava como vendedor, eu estava condicionando meu cérebro para aquele momento sem saber. A *aceitação* (o oposto de resistência) tinha virado o meu padrão emocional.

A REGRA DOS CINCO MINUTOS

Enquanto estava no leito do hospital, comecei a compreender algo que meu primeiro gerente na Cutco, o verdadeiro *Mestre dos milagres*, chamado Jesse Levine, tinha ensinado durante o treinamento inicial. Era a chamada Regra dos cinco minutos e basicamente dizia: "Você pode se sentir mal quando algo não sai conforme o planejado, mas só por cinco minutos." Jesse ensinou a programar no celular um timer de cinco minutos sempre que houvesse um fracasso, uma decepção ou qualquer outro resultado indesejado e a usar esses cinco minutos para se sentir mal em relação a esse evento.

Estava permitido reclamar, resmungar, chorar, desabafar, socar uma parede, tudo o que você tivesse vontade, mas só por cinco minutos. Esse período nos dava o espaço necessário para sentir as próprias emoções, mas o limite de tempo nos impedia de mergulhar em qualquer adversidade por um período longo, desnecessário e pouco saudável. Essa regra nos impedia de cair no buraco negro no qual a maioria das pessoas continua revivendo emoções negativas que as deixam mal.

72 A EQUAÇÃO DO MILAGRE

Quando o timer apitava, Jesse nos ensinou a dizer as palavras "Não posso mudar isso" em voz alta para reconhecer que, se não podemos mudar uma coisa, então resistir e gastar energia emocional desejando que fosse diferente não só é inútil como doloroso. Isso cria sofrimento emocional interno e não age para mudar o evento que você considera a causa do sofrimento.

Quando aprendi a Regra dos cinco minutos, lembro de ter pensado: "Cinco minutos? Vou precisar de bem mais do que isso para ficar chateado quando algo sai errado!" Então, comecei a aplicá-la. Quando um dos meus clientes cancelava o pedido, assim que desligava o telefone eu imediatamente ativava o timer de cinco minutos no celular, andava de um lado para o outro, xingava e era consumido pelos pensamentos e emoções negativos. Eu resistia ao que tinha acontecido, desejando que o resultado tivesse sido diferente. Aí o timer tocava e adivinha só: eu ainda estava chateado, como imaginei! "Cinco minutos não bastam!", eu gritava mentalmente. Mas continuei fazendo isso e, para minha surpresa, em poucas semanas tudo mudou.

Eu ativava o timer no celular, começava a andar de um lado para o outro, xingava, depois pegava o telefone e via que ainda me restavam quatro minutos e 17 segundos para ficar chateado. Porém, armado com a nova consciência de que a decisão de resistir à realidade ou aceitar o que estava no passado e fora do meu controle era minha, passei a escolher a aceitação. Eu pensava: "Por que passar os próximos quatro minutos chateado quando posso fazer algo proativo e progredir?" Fui construindo a invencibilidade emocional e consegui escolher a aceitação muito mais rápido.

A Regra dos cinco minutos é eficaz porque deixa uma lição bem clara sobre dor emocional: *Não é a experiência, circunstância ou evento que causa a dor emocional, e sim a falta de disposição para aceitar a vida como ela é e seguir em frente. Essa é a causa.* Quando batemos o pé e dizemos "Isso não pode estar acontecendo!", somos inundados por emoções dolorosas e improdutivas. Isso é verdade em qualquer ocasião, seja algo que aconteceu há cinco minutos, cinco meses ou cinco décadas. Quanto mais você resistir e desejar que o resultado tivesse sido diferente, mais você vai criar e perpetuar a dor emocional. No momento em que aceitar, você estará livre.

De volta ao leito de hospital, reservei os cinco minutos para ficar descrente em relação à minha nova realidade e lembrei que não poderia mudá-la, então resistir a ela seria inútil e não faria sentido. Tomei a decisão consciente de aceitá-la. Sim, em cinco minutos. Agora, se você está pensando *É mais fácil falar do que fazer*, tem razão. Tudo é mais fácil de falar do que fazer quando é novo para nós. Lembre-se: eu vinha praticando a Regra dos cinco minutos por um ano e meio antes do acidente, por isso consegui aplicá-la tão rápido. E, mesmo se tivesse levado cinco horas ou cinco dias, a escolha de aceitar as circunstâncias foi muito melhor do que desejar que elas não tivessem acontecido e deixar que elas me afetassem pelo resto da vida.

Nos dias que vieram depois, deitado na cama de hospital, pensei na minha nova realidade. Pensei sobre viver em uma cadeira de rodas, como entraria e sairia de carros, como eu faria meu trabalho, namoraria. Refleti muito e cheguei sempre à mesma conclusão: "Tenho muitos motivos para ser grato, e minha vida pode ser tudo o que eu desejar."

ISSO NÃO VAI FAZER VOCÊ FELIZ

Vamos esclarecer algo. Eu não estava *feliz* em relação à perspectiva de ficar em uma cadeira de rodas pelo resto da vida. Eu estava *em paz* com essa possibilidade. Existe uma diferença enorme entre as duas coisas.

Muitos filósofos indicam a felicidade como objetivo final. Não há nada errado com a felicidade. Eu gosto de estar feliz. O problema é que a felicidade é uma emoção, e as emoções são fugazes. Você já ficou feliz e bastou uma conversa desagradável para mudar isso? É possível estar feliz em um minuto e chateado no minuto seguinte, então talvez a felicidade não seja o objetivo final.

Batizei esta seção de "Isso não vai fazer você feliz" porque, quando acontece algo indesejável, aceitar o fato não significa ficar feliz com ele. Eu não estava feliz por ter sofrido um acidente e ouvido que nunca mais iria voltar a andar. Muito menos quando fui diagnosticado com um tipo de câncer

74 A EQUAÇÃO DO MILAGRE

excepcionalmente grave. Ficar preso no trânsito quando estou atrasado para um compromisso não me deixa feliz. Ainda bem que a aceitação faz algo muito mais poderoso do que apenas nos deixar felizes.

Existem dois tipos gerais de emoções, *positivas* e *negativas*. As emoções positivas, como felicidade, alegria, empolgação, gratidão, amor e similares, criam uma energia agradável que nos deixa bem. Já as energias negativas, como medo, raiva, inveja, arrependimento e ressentimento, criam uma energia desagradável que nos deixa mal. No espaço entre as energias positivas e as negativas está o reino da *paz interior,* e é isso que procuramos. A paz interior não é uma emoção, é um estado de espírito. Ela não é positiva nem negativa, e sim neutra.

A paz interior é um nível de consciência — ou de *percepção da consciência*, para ser mais preciso. A partir dela nós podemos escolher a emoção que desejamos vivenciar em qualquer momento. A paz interior dá o espaço emocional para criar tudo o que desejamos e é o ponto de partida para criar milagres. É um estado inabalável de ser que pode ser acessado a qualquer momento por meio da aceitação. Depende apenas da nossa disposição de aceitar incondicionalmente todas as situações e circunstâncias da vida que não podemos mudar e que estão fora do nosso controle. Em outras palavras, a aceitação é a chave que destranca a porta da invencibilidade emocional. Aceitar tudo o que estava fora do meu controle (o acidente, os ossos quebrados, o dano cerebral, estar em um hospital e a possibilidade de nunca mais voltar a andar, além das cicatrizes permanentes no meu rosto, braço, peito, perna e muito mais) trazia paz interior e me libertava de qualquer dor emocional criada por mim mesmo. A aceitação e o fim de toda a resistência e dor desnecessárias criaram um espaço para concentrar toda a minha energia no que eu pudesse controlar e criar a melhor vida que pudesse imaginar, apesar das circunstâncias involuntárias e inimagináveis.

De acordo com meus médicos na época, não é assim que a maioria das vítimas de acidente lida com notícias como a que eu tinha acabado de ouvir. Grande parte das pessoas automaticamente resiste à nova realidade e pensa no que está faltando. Elas se apavoram ao pensar na vida que imaginavam e acreditavam que deveriam ter e se deixam consumir pelas emoções negativas. Isso é considerado "normal". Conforme aprendemos no Capítulo 3, o cérebro é feito para avaliar o perigo e se concentrar nele. Somos programados para esse estado emocional negativo sempre que algo sai das nossas expectativas individuais. E convenhamos: se alguém merece um passe livre para se sentir mal sobre uma situação, o fato de ter sido atingido de frente por um motorista bêbado e ouvir que nunca mais voltaria a andar me colocaria no topo dessa lista.

Embora eu tivesse aceitado a minha nova realidade, os médicos ainda estavam presos ao paradigma de como a maioria dos outros pacientes lida com eventos traumáticos. Conforme me informaram mais tarde, aproximadamente três semanas após o acidente e mais ou menos uma semana depois que acordei do coma, meu psiquiatra, Dr. Lebby, cumprimentou meus pais no hospital e os chamou para o consultório dele.

— Olá, Mark e Julie. Obrigado por virem. Eu queria dar notícias sobre o estado do Hal em termos físicos, mentais e emocionais — ele começou.

O Dr. Lebby continuou dizendo que fisicamente eu estava indo muito bem.

— Sei que essas semanas foram inimagináveis para o Hal e vocês, mas eu realmente acredito que o pior já passou e não vejo motivos que o impeçam de ter uma vida longa e saudável.

Minha mãe começou a chorar. Os olhos do meu pai se encheram de lágrimas e ele passou o braço pelos ombros da minha mãe carinhosamente. O Dr. Lebby continuou:

— Mas nós temos uma preocupação e gostaríamos da sua ajuda. Avaliando o estado mental e emocional dele, nós acreditamos que o Hal esteja em estado de negação.

Ele explicou aos meus pais que acreditava nisso porque, quando ele ou qualquer funcionário do hospital interagia comigo, eu estava *sempre* feliz e animado. Eu contava piadas e os fazia rir sempre que podia. Ele continuou:

— Eu trabalho com vítimas de acidente há muitos anos. Embora o comportamento do Hal não seja normal, pode ser bastante comum alguém que passou por uma experiência traumática ter dificuldade para lidar com a nova realidade. Provavelmente o Hal está reprimindo emoções dolorosas como tristeza, medo, raiva ou depressão.

Segundo o psiquiatra, eu podia estar fazendo isso conscientemente para não sentir essas emoções ou de modo totalmente inconsciente. Ele continuou:

— De qualquer modo, essas emoções vão acabar vindo à tona e vai ser preciso enfrentar a realidade em algum momento. Para nós, seria melhor que isso acontecesse no hospital, onde ele pode ser monitorado e orientado a lidar com as emoções dolorosas, em vez de deixá-lo fazer isso sozinho mais tarde, podendo levar à depressão ou até mesmo algo pior.

Meus pais achavam que eu estava lidando com o acidente de modo sinceramente positivo. Agora eles estavam descobrindo que essa positividade pode ter sido ilusória. Ambos se moveram um centímetro para a frente em suas cadeiras, e meu pai perguntou:

— O que seria esse "algo pior"?

— Bom, é comum que vítimas de acidentes reajam ao trauma recorrendo a diversos vícios para ter distração ou alívio temporário da dor emocional. Desenvolver um vício em drogas ou álcool é bem comum, e a taxa de suicídio entre vítimas de acidente é significativamente maior.

O Dr. Lebby explicou que não necessariamente eu iria por esse caminho, mas ele pensava que o melhor seria eu aceitar como estava realmente me sentindo para que os médicos pudessem me ajudar a lidar com as emoções antes de sair do hospital.

— Então, o que nós podemos fazer para o Hal se abrir em relação a essas emoções que ele estaria reprimindo? — perguntou minha mãe.

O Dr. Lebby recomendou que meus pais falassem comigo e descobrissem como eu *realmente* me sentia. Meus pais precisavam garantir que era normal sentir tristeza, medo, raiva ou até mesmo depressão. O objetivo era ter certeza de que eu estava ciente da possibilidade de expressar essas emoções de modo seguro no hospital.

Naquele mesmo dia, meu pai entrou no meu quarto. Eu estava sentado na cama usando um roupão largo e assistindo à *Oprah* na televisão de 28 polegadas afixada na parede. Vi o sorriso forçado no rosto vermelho do meu pai, as lágrimas nos seus olhos inchados, e imediatamente senti que algo estava errado.

— Como você está, Hal? — ele perguntou, enquanto buscava um lugar ao meu lado na cama.

— Ótimo, pai. Por quê? O que houve? — Analisei o rosto dele, tentando saber o que estava por vir.

Meu pai disse que eu estava me comportando bem quando tinha visitas, mas queria saber como eu *realmente* me sentia quando estava sozinho, pensando no acidente e no que tinha me acontecido. Eu estava triste? Com medo? Com raiva? Deprimido?

Ouvi e compreendi, embora tenha sido pego de surpresa pelas perguntas.

Ele me falou das preocupações do médico e usou empatia ao dizer que entenderia se eu estivesse com medo em relação à possibilidade de nunca mais andar, deprimido com a minha situação ou com raiva do motorista bêbado. Segundo ele, qualquer sentimento era completamente normal e não havia problema nisso.

Fiquei em silêncio por um instante e pensei seriamente nas perguntas. "Será que estou me sentindo triste, com medo, com raiva ou deprimido? Será que estou em negação e disfarçando essas emoções dolorosas que os médicos consideram 'normais' para alguém na minha situação?" Como eu tinha passado os últimos seis dias desde que saíra do coma processando a minha nova realidade, não levei muito tempo para articular o que realmente sentia.

— Pai, eu sinceramente pensei que você me conhecesse melhor do que isso.

Meu pai levantou as sobrancelhas, mas não disse nada.

— Você sabe que eu vivo de acordo com a Regra dos cinco minutos, né? Ele fez um sinal com a cabeça.

— Claro. Acho que ouvi você falar disso antes.

— Bom, já se passaram duas semanas. Estou bem longe dos meus cinco minutos.

Meu pai riu. Eu continuei:

— Estou bem longe de me sentir mal por uma coisa que eu não posso mudar. Preferi sentir gratidão. Depois que você me mostrou as fotos do Mustang destruído, eu sou grato por estar vivo! Acredito que tudo acontece por um motivo, e também que é nossa responsabilidade decidir que

78 A EQUAÇÃO DO MILAGRE

motivo é esse. Agora cabe a mim descobrir o que eu posso aprender com essa experiência e como fazer algo positivo com ela.

Garanti ao meu pai que não estava em negação. Na verdade, era o oposto: em vez de negar a realidade, eu a aceitei totalmente: passado, presente e futuro, para que eles não controlassem o meu estado emocional. Se os médicos estavam certos em relação a eu nunca mais voltar a andar, eu decidi que poderia ficar deprimido em relação a isso ou sentir gratidão por tudo o que ainda tinha na vida. Eu estaria na cadeira de rodas independentemente da minha escolha. Eu continuei:

— Já aceitei essa possibilidade e decidi que, se não voltar a andar pelo resto da vida, vou ser a pessoa mais feliz e grata que você já viu em uma cadeira de rodas!

Também argumentei que, embora não fosse provável, ainda era possível que eu voltasse a andar. Lembre-se: eu não estava resistindo ou negando o diagnóstico médico. Apenas considerei que voltar a andar era uma possibilidade que os médicos não estavam levando em conta, porque a probabilidade de isso acontecer era mínima. Eu não sabia se isso poderia acontecer, mas estava comprometido a fazer o possível para transformar meu objetivo de andar de possível a provável e depois inevitável.

Então eu me vi andando, rezei para isso, pensei nisso e falei disso, mantendo a *fé inabalável* de que ainda era possível. Também fazia fisioterapia diariamente, e, quando o fisioterapeuta indicava o fim da sessão, eu pedia (às vezes insistia) para fazer mais. Esse foi o meu *esforço extraordinário*. Três semanas depois do acidente, você poderia dizer que aconteceu um milagre. Os médicos trouxeram raios x da minha perna e bacia quebradas, dizendo a mim e aos meus pais que não entendiam como, mas o meu corpo tinha se curado em apenas três semanas. Eu poderia dar o meu primeiro passo *naquele dia*. E foi o que eu fiz.

Acredito que aceitar totalmente a minha incapacidade de mudar a circunstância em que estava me libertou de toda a dor emocional e me permitiu concentrar a energia no que eu desejava. A aceitação me deu a invencibilidade emocional, que me ajudou a criar o milagre tangível e mensurável de voltar a andar.

COMO LIBERAR A DOR EMOCIONAL DO PASSADO, PRESENTE E ATÉ DO FUTURO

Muitos clientes de coaching ou pessoas com quem falei após alguma palestra entendiam o conceito, mas duvidavam da veracidade ou achavam que não funcionaria em suas vidas. O sofrimento emocional era para elas tão normal, que perguntavam: "Como eu posso aceitar esta situação horrível com a qual estou lidando?" Essas pessoas geralmente têm os ombros tensos e os olhos marejados quando falam comigo. Seja lá qual for o desafio enfrentado, elas estão com problemas e dores profundas.

Existe apenas uma causa para a dor emocional, que pode ser resumida em uma palavra: *resistência*. Dizendo de modo simples, **toda a dor emocional que já sentimos, estamos sentindo agora ou vamos sentir no futuro é criada pela resistência à realidade em que estamos.** Essa resistência geralmente aparece ao querer que algo fosse diferente. Talvez desejar que algo acontecesse ou não acontecesse no passado, resistir a algo que está acontecendo atualmente ou se preocupar (outra forma de resistência) com algo que pode ou não acontecer no futuro. O nível de resistência à realidade e de desejo de que algo fora do nosso controle fosse diferente determina o nível da dor emocional que sentimos.

Pense nisso: se você enfrentar uma longa fila na lanchonete e tiver um compromisso em outro lugar, pode ter um nível relativamente baixo de resistência ao ritmo imutável das pessoas que estão atrás do balcão. Você vai sentir um nível de emoção negativa (como irritação, impaciência ou frustração) proporcional ao nível de resistência. Na outra ponta do espectro, digamos que você tenha sido demitido inesperadamente de um emprego que dava segurança financeira para você e sua família e não tinha um plano B. O nível de resistência em relação a essa realidade provavelmente seria muito mais intenso do que em relação a se atrasar para um compromisso. Você provavelmente sentiria raiva, ressentimento, desesperança ou medo do desconhecido.

Independentemente do nível da dor, nesses dois exemplos teóricos nós erroneamente pensamos que o evento é o responsável pela dor emocional,

80 A EQUAÇÃO DO MILAGRE

mas a causa nunca é o evento em si, e sim a nossa reação/resistência a ele. A prova disso é simples: a mesma tragédia pode atingir duas pessoas, e uma resiste à realidade, considerando aquilo o pior evento que já lhe aconteceu e alegando estar com a vida arruinada, enquanto a outra aceita, decidindo aprender, crescer e ser melhor do que nunca *graças à tragédia*. A mesma tragédia gera duas reações e duas experiências emocionais bem diferentes.

O único jeito de <u>nunca</u> mais sentir dor emocional indesejada é tomar a decisão consciente de aceitar tudo o que já aconteceu ou vai acontecer com você. Vou aplicar esse princípio até a minha morte, e você pode fazer o mesmo. Como muita gente, eu tinha um medo imenso de morrer, mas um dia percebi que era inútil temer algo inevitável. O nascimento e a morte são dois lados da mesma moeda, digamos assim. Ao aceitar o que não se pode mudar (e a morte definitivamente se encaixa nessa categoria), você se dá o presente de estar em paz com a vida como ela é em vez de criar dor ao desejar que os aspectos imutáveis dela (passado, presente ou futuro) sejam diferentes. Lembre-se: você não precisa ficar *feliz* com o que não pode mudar. Contudo, é possível aceitar e ficar em paz com isso, eliminando toda uma vida de sofrimento emocional desnecessário.

Aceitação em ação

Quando comecei a carreira de palestrante, eu falava basicamente em universidades. Duas semanas depois de uma palestra em Toronto, no Canadá, recebi um e-mail de Devon Taylor, uma mulher de 27 anos que tinha assistido à minha apresentação. Anexada ao e-mail estava uma foto exibindo uma tatuagem no pulso que ela tinha feito naquele dia com apenas quatro palavras, as mesmas que eu havia ensinado na palestra: *Não posso mudar isso*. O e-mail dela me levou às lágrimas e abriu os meus olhos para o poder universal da aceitação.

Devon fez a tatuagem naquele dia por ser o décimo aniversário da morte do pai. Ela me disse que tinha passado os últimos dez anos profundamente deprimida, começando e parando a terapia e tomando antidepressivos. Devon acreditava que a causa da depressão fosse a morte do pai, e todos reforçavam essa crença. Sentimentos como "Ah, coitada. Não consigo nem imaginar como você está se sentindo" levaram Devon a crer que *deveria* se sentir assim, mesmo anos depois da morte do pai.

No e-mail, ela explicou que, ao me ouvir falar sobre aceitação, a Regra dos cinco minutos e o mantra "Não posso mudar isso", começou a pensar que talvez a causa da depressão não fosse a morte do pai. Talvez o motivo pelo qual ela estava profundamente deprimida há dez anos fosse ter resistido à realidade. Ninguém disse que ela poderia aceitar conscientemente a morte do pai ao parar de resistir à realidade e desejar que ele não tivesse morrido, dando paz a si mesma.

De acordo com o que ela escreveu, desde que ouvira a minha fala, fazia duas semanas, era a primeira vez em quase dez anos que Devon não estava deprimida. E, toda vez que sentia aquelas emoções conhecidas e dolorosas, ela fazia uma pausa, respirava fundo, dizia "Não posso mudar isso" e escolhia a paz. Ela decidiu tatuar essas palavras como um lembrete para não permitir mais que a lembrança do pai lhe causasse dor. Devon escolheu substituir a dor emocional pela gratidão pelo tempo que teve com o pai.

PENSE NO SEGUINTE

Você não pode julgar com precisão uma experiência como "boa" ou "má" no momento em que ela ocorre. A resistência começa pela interpretação de uma experiência como "boa" ou "má", pois resistimos a experiências consideradas más. Contudo, frequentemente é impossível julgar se uma experiência foi boa ou má enquanto ela está acontecendo ou logo depois. Muitas vezes a maior adversidade se transforma na maior professora, levando ao crescimento mais benéfico. Pessoalmente, sempre vi o acidente de carro no qual me envolvi como uma das melhores coisas que me aconteceram, porque me deixou mais forte e foi o catalisador para o meu trabalho de escritor e palestrante. No dia em que fui diagnosticado com câncer, eu disse à minha esposa, Ursula: "Esta vai ser a nova melhor coisa que já me aconteceu." Muitas vezes a passagem do tempo, combinada à reflexão e à visão em retrospecto, nos faz ver o valor dos desafios enfrentados. Por exemplo, você pode terminar um relacionamento e ficar arrasado, vivendo semanas, meses ou anos de agonia para depois encontrar o amor da sua vida e se sentir grato pelo relacionamento anterior ter acabado para que outro melhor surgisse. Dizem que a visão em retrospecto é perfeita. Claro, mas por que sofrer agora e esperar até algum momento do futuro para aprender e crescer com suas adversidades no presente? A aceitação incondicional dá o espaço e a liberdade para estar em paz com seus desafios quase imediatamente (ou pelo menos em cinco minutos).

Não existem problemas. Não existe isso de problema. A palavra *problema* é um rótulo para uma situação. Existem situações, que viram problemas apenas se escolhermos vê-las como tal. Podemos rotular as situações como problemas, oportunidades, "a determinar" ou qualquer outro rótulo. O rótulo atribuído a cada uma das situações cria a percepção e a experiência em torno dela. Quer causar estresse a si mesmo e deixar a vida mais difícil do que precisa ser? Rotule todas as situações indesejáveis como problemas e as empilhe por cima dos problemas já existentes. Isso vai deixar você ocupado demais para criar uma vida Nível 10.

COMO SER EMOCIONALMENTE INVENCÍVEL 83

Você não pode julgar com precisão as emoções como "boas" ou "ruins". As emoções são inevitáveis. Somos humanos, e os humanos são criaturas emocionais. Se você for magoado por alguém, provavelmente vai sentir raiva, tristeza, decepção ou frustração em relação àquela pessoa. Se perder uma pessoa que ama, naturalmente vai sentir tristeza, desespero ou uma sensação geral de perda. Todas essas emoções são naturais. O objetivo não é eliminar emoções negativas, e sim mudar a relação com elas.

As emoções iniciais não são o problema: o crucial é o que fazemos com elas além dessa primeira sensação. Se você vivencia algo que gera algum tipo de emoção negativa, mas rapidamente aceita, fica em paz com esse evento e segue a vida, então tudo bem. O problema está no julgamento e na resistência contínua às emoções. Embora a resistência inicial à realidade ative a dor emocional, julgar a emoção como "errada" e em seguida resistir nos mantém empacados na emoção negativa, perpetuando a dor. Ficamos alternando entre julgar e resistir, gerando o sofrimento emocional.

Quando julgamos as emoções como "ruins" ou "erradas", amplificamos o efeito que elas têm sobre nós. Você já acordou triste sem qualquer motivo aparente e depois ouviu a voz interior dizendo "Por que me sinto assim? Algo deve estar errado." Quando você se dá conta, aquele momento de tristeza se transformou em um quase colapso. "Talvez eu esteja deprimido!!!" Quanto mais nos concentramos em um sentimento e nos julgamos por tê-lo, pior ele fica.

As emoções negativas não devem ser vistas como o inimigo. Na verdade, existe valor em todas as emoções. Se você perde algo ou alguém importante, sentir tristeza e luto não só é natural como pode ser saudável. E às vezes precisamos sentir a dor que veio de uma escolha que fizemos para não a repetirmos mais. A diferença é ter o controle do seu estado emocional em vez de permitir que as circunstâncias e eventos fora do seu controle ditem as suas emoções.

Não deseje uma vida perfeita amanhã. Veja a perfeição da sua vida hoje. Outro erro que cometemos é lutar pela perfeição (já passei por isso) e depois medir a realidade de acordo com a visão que imaginamos para ela. Essa

84   A EQUAÇÃO DO MILAGRE

é apenas outra forma de resistência. Você está se concentrando na falta, resistindo à realidade atual quando a compara a uma realidade perfeita imaginada, gerando dor emocional. É igualmente fácil ver tudo pela lente de *Minha vida é perfeita exatamente como está agora*. Quando tive câncer e enfrentei o ano mais difícil da minha vida, um dos meus mantras favoritos passou a ser *Minha vida é sempre perfeita. Estou sempre exatamente onde preciso estar para aprender as lições que vão me permitir criar tudo o que desejo para minha vida*. Eu não podia mudar o diagnóstico, então escolhi aceitá-lo, ficar em paz com ele e tomar a decisão consciente de ser o mais grato e feliz possível enquanto enfrentava o momento mais difícil da minha vida. Escolhi encarar o diagnóstico e as lições que inevitavelmente vieram com ele como parte da perfeição da vida. Você pode fazer o mesmo com as suas circunstâncias desafiadoras.

Quando as pessoas ouvem a história do acidente que sofri e de como aceitei totalmente as circunstâncias ainda no leito do hospital, elas geralmente ficam céticas ou surpresas por eu não sentir raiva do motorista bêbado. "Como você consegue não odiá-lo pelo que fez?", alguns perguntam. Às vezes chegam a ficar com raiva de mim, mas eu não o odeio. Na verdade, não tenho absolutamente nenhum sentimento negativo em relação àquele motorista. Se eu senti alguma emoção em relação ao motorista desde o acidente até hoje, foi *empatia*.

Veja bem, eu nunca vivi a vida desse homem. Talvez eu tivesse feito a mesma escolha de beber e dirigir naquela noite se estivesse no lugar dele. É fácil julgar os outros com base na própria experiência de vida e em quem somos. Contudo, pense em uma pessoa que você julgou ou com quem está chateado, agora ou no passado. Pense nisso: *Se você tivesse vivido a vida dessa pessoa, nascido com o cérebro dela, sido criado com os pais dela e influenciado pelos amigos dela, existiria uma probabilidade muito alta de pensar e agir exatamente como essa pessoa*. Partindo dessa perspectiva, podemos substituir o julgamento pela empatia e amar todas as pessoas incondicionalmente. Podemos aceitá-las como são e reservar espaço para elas se transformarem na melhor versão de si mesmas.

Outra pergunta comum que ouço: "Como você sabe o que pode e o que não pode mudar?" A resposta simples é: "Você não pode mudar algo que já aconteceu." Só é possível mudar suas ações agora, o que vai levar a circunstâncias diferentes no futuro. O passado e as circunstâncias atuais são fixos. Neste momento, apenas o futuro é maleável.

Você não pode "desinundar" a casa alagada, desamassar o para-lama depois de bater em outro carro nem retirar algo que você ou outra pessoa disse. Uma vez acontecido o fato, não dá para voltar atrás e mudá-lo, a menos que seja o Marty McFly e tenha um DeLorean capaz de viajar no tempo.

Quando você aceita o passado incondicionalmente, abre mão de ressentimentos, arrependimentos, raiva, culpa e quaisquer outras emoções negativas criadas pela sua resistência. Aceitar todos os eventos desconhecidos que vão acontecer um dia (isto é, *aceitar a vida antes que ela aconteça*) vai livrar você de todo o medo, ansiedade, preocupação e outras formas de dor emocional completamente desnecessárias.

Para dar a si mesmo o presente da paz interior e ficar emocionalmente invencível, é preciso se livrar de toda a resistência ao que já aconteceu ou vai acontecer, não importa o quanto tenha sido doloroso na época ou o quanto a possibilidade de algo acontecer no futuro seja assustadora. Para isso, basta aceitar a realidade como ela é. Estas são as três técnicas que podem ser usadas para aceitar tudo o que está fora do seu controle e dar a si mesmo o presente da invencibilidade emocional:

1. A Regra dos cinco minutos: foi a minha primeira etapa neste processo. Defina um timer e dê a si mesmo cinco minutos para sentir as emoções por inteiro. Chute, grite, chore, reclame, faça o que for preciso para liberá-las. Assim que o timer apitar, aceite a situação dizendo as quatro palavras poderosas abaixo.

2. O mantra "Não posso mudar isso": você não pode mudar o que já ocorreu, não importa se aconteceu há cinco minutos, cinco meses ou cinco décadas. Portanto, não há valor em fazer isso. Você não pode desfazer o passado, nem alterar os aspectos imutáveis do presente

86 A EQUAÇÃO DO MILAGRE

ou do futuro. Entenda que, se você não pode mudar uma situação e continua resistindo a ela, vai gerar mais dor emocional desnecessária. Você tem o poder de interromper essa dor ou nunca mais senti-la.

Saiba que talvez seja preciso repetir essas duas etapas algumas vezes no começo para quebrar seus padrões emocionais.

3. Aceitar a vida antes que ela aconteça: é a evolução da aceitação, e fica muito mais fácil quando você já praticou a Regra dos cinco minutos e o mantra do "Não posso mudar isso" por algum tempo. Como você está ciente de que toda dor emocional é criada por você e totalmente opcional, será possível prevenir a dor emocional no futuro ao decidir agora que nunca mais vai resistir a algo que não pode mudar. Você não precisa suportar a dor emocional só para depois olhar para trás e perceber que era desnecessária. Não espere pela visão retrospectiva para encontrar a paz.

No próximo capítulo, vamos explorar um novo paradigma para definir objetivos e mostrar como você pode usá-lo para eliminar o medo do fracasso para sempre. Antes de seguir em frente, porém, eu adoraria que você pensasse no conceito de invencibilidade emocional por alguns minutos. O que causa dor emocional em você? De que maneira a aceitação de tudo o que já aconteceu ou vai acontecer muda a sua vida? Quanta energia a mais você acha que teria na ausência de estresse, raiva, tristeza e qualquer outra emoção negativa?

Agora respire fundo e tome a decisão de aceitar incondicionalmente, ficar em paz com isso, e dê a si mesmo o presente de ser emocionalmente invencível.

Capítulo 5

UM NOVO PARADIGMA DE POSSIBILIDADES

O seu objetivo não é o objetivo

O principal motivo para definir um objetivo é o que você precisará fazer para conquistá-lo. Esse sempre será um valor muito maior do que o resultado.

— JIM ROHN

Todos nós temos sonhos e grandes visões de como a vida poderia ser. Essas visões nos fazem sentir bem quando pensamos nelas. Nós imaginamos o que é possível, às vezes até nos aventuramos um pouco mais, definindo objetivos ou planejando ações que podem nos levar a conquistar essas visões. Contudo, poucos realmente definem objetivos significativos para si mesmo, e menos ainda conquistam esses objetivos. Basta pensar em todas as resoluções de Ano-Novo que somem antes mesmo do fim de janeiro.

A triste verdade é que a vida real da maioria das pessoas nunca se encaixa nessa visão grandiosa. Aquele milhão de dólares nunca se materializa, a pessoa dos sonhos nunca entra pela nossa porta, o trabalho dos sonhos não cai no nosso colo. E assim ficamos perpetuamente desejando algo que consideramos fora de alcance. Quanto mais o tempo passa e mais velhos ficamos, pior é a situação.

Tem que haver outro jeito.

E se você funcionasse a partir de um paradigma no qual o fracasso é impossível? E se soubesse que todo objetivo escolhido para tentar seria conquistado?

Esse novo paradigma mudaria o jeito de abordar seus objetivos? Você sonharia mais alto? Correria mais riscos? Ficaria mais motivado?

Na minha opinião, a relação que temos com os objetivos atualmente parece meio estranha. O jeito de abordá-los nos leva a uma de duas possibilidades: chegar ao resultado pretendido e ter sucesso, o que geralmente nos deixa bem, ou não alcançar o objetivo pretendido e fracassar, o que geralmente nos deixa mal. Depois de definir o objetivo, descobrir os pequenos passos necessários para (com sorte) conquistar o resultado pretendido e percorrê-los até o fim, existe apenas cinquenta por cento de chance de sucesso (ou fracasso), no fim das contas. Isso não parece muito motivador para mim.

Na verdade, é até desmotivador. Parece um paradigma que leva você a manter os objetivos pequenos para ter a certeza de alcançá-los ou nem tentar para que o temido fracasso não seja possível. Investir todo esse tempo e esforço sem qualquer tipo de garantia parece um desperdício de tempo, não é? Quando os objetivos começam a parecer improváveis, trabalhosos demais ou demorados demais, é mais fácil voltar ao sofá confortável e procurar o controle remoto.

Percebo que esse paradigma limita muita gente. Antes de entender o dilema de fracassar ou ter sucesso, eu também acreditei nesse jeito limitador de enxergar os objetivos. Não entendia na época, mas estava diminuindo meus objetivos para evitar o fracasso, até perceber que era tão digno, merecedor e capaz de conquistar tudo o que desejava quanto qualquer pessoa do planeta. E você também é. Só que nós precisamos pensar em objetivos de outra forma se pretendemos deixar a nossa marca no mundo. Graças a um dos meus mentores, acabei encontrando o que procurava: um jeito totalmente novo de abordar objetivos, que elimina a possibilidade de fracasso.

O restante deste capítulo vai apresentar a você essa nova relação com os objetivos, na qual o sucesso será inevitável. Primeiro, vamos redefinir o verdadeiro propósito de um objetivo, abrindo a mente para pensar no que é possível de um jeito muito maior, enquanto retiramos o medo debilitante do fracasso que todos precisamos superar.

O VERDADEIRO PROPÓSITO DE UM OBJETIVO

Todos querem conquistar seus objetivos e sonhos. Provavelmente é por isso que você está lendo este livro. Também sabemos que é da nossa natureza buscar o caminho mais fácil para a conquista. A fruta que está mais baixa não necessariamente é a mais empolgante, mas é a que a maioria de nós procura. Antes de investir muito esforço em um objetivo, queremos algum tipo de garantia de sucesso. Se você é otimista, provavelmente vive de acordo com o lema do clube dos otimistas: "Tudo é possível." No entanto, nós raramente buscamos o que é possível e preferimos concentrar nossa energia em conquistar o que acreditamos ser *provável*.

Pense nisso: quando foi a última vez que você buscou um objetivo e não acreditava que tinha possibilidade de conquistá-lo? Você provavelmente achou que seria perda de tempo, que não valia a pena gastar energia nele ou se preparar para um fracasso e uma possível vergonha. Quem procura objetivos que não acredita ser capaz de conquistar? Parece meio sem sentido, não é? Bom, se você acha que o maior valor de definir um objetivo é conquistá-lo, então procure a opção mais fácil. Conquistar um objetivo (no sentido de ter um resultado tangível) não é o propósito final, o valor mais alto ou o benefício mais significativo de conquistar um objetivo. Na verdade, com esse novo paradigma, conquistar ou não o objetivo é irrelevante para o verdadeiro propósito do estágio final do seu objetivo.

Preste atenção e continue lendo.

O verdadeiro propósito de cada objetivo que você define é se transformar no tipo de pessoa que consegue definir e conquistar objetivos significativos de modo consistente. Em outras palavras, o propósito de um objetivo é desenvolver as qualidades e características de uma pessoa que conquista objetivos. É *a pessoa em quem você se transforma* ao longo do processo que será importante para o resto da vida, superando qualquer conquista de curto prazo. No fim das contas, cada um dos seus objetivos será usado para desenvolver a mentalidade e os comportamentos de um *Mestre dos milagres*. Para chegar lá, é preciso aplicar a Equação do Milagre repetidamente a

90 A EQUAÇÃO DO MILAGRE

cada objetivo, fazendo o sucesso ser inevitável a longo prazo. Cada objetivo é apenas uma oportunidade de se desenvolver e testar o que é realmente possível. Quanto mais nós fazemos isso, melhores ficamos.

Vou repetir algo que mencionei no Capítulo 2, que o mentor Dan Casetta me ensinou sobre objetivos. Para relembrar, essa lição foi passada a Dan por um dos seus mentores, Jim Rohn, que disse: *O propósito de definir um objetivo não é conquistá-lo. O verdadeiro propósito de definir um objetivo é se desenvolver e se tornar o tipo de pessoa capaz de conquistar objetivos, independentemente de consegui-lo ou não. Alguns objetivos serão alcançados, e outros não. A pessoa em quem você se transforma ao dar tudo de si até o último momento, independentemente dos resultados, permitirá desenvolver a mentalidade e os comportamentos para conquistar objetivos cada vez maiores pelo resto da vida.*

O objetivo inicial não é o objetivo em ação

Talvez você conheça Lewis Howes. Eu o entrevistei há alguns anos no podcast *Achieve Your Goals* [Alcance seus objetivos], e ele está no documentário sobre *O milagre da manhã*. Lewis tem uma história fascinante, e é um dos melhores exemplos para mostrar o verdadeiro propósito de um objetivo.

O principal objetivo de Lewis quando era mais jovem era virar atleta profissional. E ele o conquistou, jogando futebol por uma temporada na Arena League até se machucar. Não só a carreira dele sofreu um baque como a vida também.

Lewis não tinha um plano B. Ele estava sem dinheiro, passando dificuldades e não sabia o que gostaria de fazer da vida, pois nunca tinha pensado em outro objetivo. Contudo, ele sabia que precisava encontrar algo, então procurou vários influenciadores para entrevistá-los e aprender com eles.

Um mentor falou do LinkedIn, que era relativamente novo na época. Lewis passou horas estudando diariamente o site até criar um perfil tão bom que outras pessoas começaram a pedir ajuda para criar os delas. Lewis seguiu sua paixão e curiosidade até o mundo perceber que ele estava contribuindo com algo especial. Essa paixão e curiosidade acabaram levando o ex-jogador a fazer podcasts.

Vários anos depois, Lewis conquistou a fama. Ele apresenta um dos 100 melhores podcasts do mundo, *The School of Greatness* [A escola da grandeza], com mais de 40 milhões de downloads, escreveu um livro que ficou entre os mais vendidos do *New York Times* e foi reconhecido com um dos 100 maiores empreendedores abaixo dos 30 anos pela Casa Branca do então presidente Barack Obama. A presença dele nos meios de comunicação também impressiona: já esteve no *Ellen DeGeneres Show* e no *Today Show*. Lewis também apareceu em matérias na *Forbes* e no *New York Times*, para citar apenas alguns.

Agora, a missão de Lewis consiste em partilhar essa "grandeza" e fortalecer pessoas para mudar a própria vida, ajudando na descoberta de seus dons e oferecendo uma contribuição singular para o mundo. A mentalidade e o profissionalismo que ele desenvolveu ao longo do caminho foram cruciais para conquistar objetivos muito maiores do que ele havia imaginado. Lewis não está levando a vida que pretendia. A meta de quando era mais jovem não era o verdadeiro objetivo. Mesmo assim, as lições que aprendeu o levaram a ser um *Mestre dos milagres*. O milagre de Lewis agora é ajudar os outros a criar os próprios milagres.

AGORA VOCÊ PODE SE LIVRAR DO MEDO DO FRACASSO

Quando você entender e aceitar o verdadeiro propósito de um objetivo, vai perceber que o fracasso não é algo a ser temido, porque você não pode fracassar. A pessoa em quem está se transformando sempre será mais importante do que as suas ações, embora a ironia seja que as suas ações determinam a pessoa em quem você vai se transformar. Enquanto houver *fé inabalável* e *esforço extraordinário* em cada um dos seus objetivos, independentemente do resultado, você sempre vai aprender, crescer e ser mais capaz do que antes. E os seus objetivos futuros, incluindo os que ainda não imaginou, vão colher as recompensas.

Eu também gostaria de destacar que isso não o impede de encontrar obstáculos no caminho para o objetivo. Não estou dizendo que desistir é uma opção se você perceber que alcançar o objetivo é improvável. Você se lembra da minha história sobre o período de pico no Capítulo 2? Precisei me esforçar até literalmente o último momento para atingir meu objetivo de vendas, e aconteceu de modo bem parecido com a maioria dos meus colegas que aplicaram a Equação do Milagre. Os milagres deles ocorreram na última semana, no último dia, até na última hora. Não sei exatamente por que isso acontece, mas parece ser consistente. Muitas vezes percebi que o universo parece nos testar continuamente para ver o quanto estamos comprometidos a conquistar os objetivos. Enquanto a maioria das pessoas desiste pelo caminho, apenas quem se compromete a manter a *fé inabalável* e a fazer um *esforço extraordinário* até o último momento consegue ver os milagres acontecerem. Esses momentos finais são importantíssimos e levaram o que eu poderia criar para a minha vida a outro patamar. Não conquistar o objetivo quando você deu tudo de si até o último momento é muito diferente de desistir quando algo não vai sair como planejado, porque ninguém conquista todos os objetivos que busca, nem mesmo os *Mestres dos milagres*.

Há um pôster pendurado no quarto do meu filho com uma frase marcante de Michael Jordan: "Errei mais de nove mil arremessos ao longo da carreira. Perdi quase 300 jogos, confiaram em mim 26 vezes para dar o arremesso capaz de vencer o jogo e eu errei. Fracassei várias vezes na vida, e é por isso que eu tive sucesso."

O fracasso é a base do processo de aprendizado e o caminho para o crescimento. Quando você aborda objetivos dessa forma, mesmo se não conseguir chegar à meta pretendida, nunca vai fracassar na conquista do propósito maior. Se você mantiver a *fé inabalável* e fizer um *esforço extraordinário*, mas ficar longe do alvo, terá desenvolvido as qualidades e características de um *Mestre dos milagres*, que levaram à conquista de seus objetivos de modo consistente no futuro. Estou falando de características como fé, disciplina, profissionalismo, resiliência e outras.

SÓ O CRESCIMENTO DURA PARA SEMPRE

Normalmente eu gosto de usar exemplos e histórias reais para ilustrar lições, mas neste caso acho que um cenário hipotético ilustra melhor como esse paradigma acontece. Vamos começar com dois colegas, John e Mary. Ambos têm quarenta e poucos anos, renda de classe média e trabalham em empresas de porte médio. Os dois sonhavam ser milionários.

Em uma bela tarde ensolarada, John entrou na loja de conveniência mais próxima e comprou um bilhete de raspadinha. A sorte estava ao lado dele naquele dia, pois John ganhou um prêmio e instantaneamente passou de trabalhador angustiado a milionário que não precisa mais trabalhar. Na manhã seguinte ele largou o emprego no escritório, saiu em um busca de uma casa maior e tirou férias luxuosas de seis meses pela Europa. A vida parecia boa para John.

Cansada da carreira que não avançava havia anos (e sem um bilhete premiado), Mary decidiu alavancar sua experiência e abrir uma empresa de consultoria. Ela colocou o coração e a alma no projeto, além de uma boa parte do dinheiro reservado para a aposentadoria, mas acabou fechando as portas em menos de um ano, como acontece com a maioria das empresas.

94 A EQUAÇÃO DO MILAGRE

Mary questionou se deveria tentar de novo ou voltar a trabalhar em um escritório que odiava, mas que ao menos daria a ela um salário fixo.

Naquele mesmo ano, John voltou das férias prolongadas e se mudou para sua mansão, sozinho. Ele comprou vários carros novos e passava o tempo vendo televisão durante o dia e saindo para bares e restaurantes na maioria das noites. Ele se sentia entediado na maior parte do tempo, mas esperava se sentir melhor com outra compra ou noitada.

Depois de muito refletir, Mary decidiu não voltar ao emprego que odiava. Ela manteve a *fé inabalável* e abriu outra empresa. Usando as lições que aprendeu na primeira tentativa fracassada, progrediu e começou a ganhar dinheiro. Levou quase dez anos, mas ela finalmente chegou a ter um milhão de dólares na conta bancária. E esse dinheiro só cresceu à medida que a empresa se expandiu ao longo do tempo. Ela nunca desistiu, independentemente dos resultados. Mary se transformou em uma *Mestra dos milagres*.

Infelizmente, esses dez anos não foram bons para John, cujo estilo de vida esbanjador o levou à falência. Claro que ele conseguiu um milhão de dólares de um jeito muito mais rápido e fácil que Mary, mas ele não sabia como manter o dinheiro, não respeitou seus ganhos, nem desenvolveu as qualidades e características que lhe permitiriam aumentar ou pelo menos manter a fortuna.

Embora Mary e John sejam imaginários, essas circunstâncias acontecem o tempo todo, geralmente em proporções menores. A maioria de nós é impaciente. Queremos resultados rápidos, mas *imediatamente* não é o período de tempo ideal para conseguir o desenvolvimento pessoal necessário a fim de obter e manter resultados que valham a pena. Não é tempo suficiente para desenvolver as qualidades de que você precisa a fim de conquistar o sucesso, que dirá mantê-lo. Por isso tanta gente que alcançou o sucesso rápido, de ganhadores da loteria a celebridades, perde a fortuna tão rapidamente quanto ganhou.

COMO EXPANDIR O PARADIGMA

A capacidade de os seres humanos expandirem o limite do possível impressiona, tanto como espécie quanto em termos individuais. O que parecia

UM NOVO PARADIGMA DE POSSIBILIDADES **95**

fantasia vira realidade e nos leva a expandir nossa identidade e criar novas possibilidades para o futuro.

Quando você era bebê, andar não era possível até dar o primeiro passo, e, de repente, andar passou a ser normal. Depois você começou a correr, pular e dominou os saltos. As etapas pareciam acontecer naturalmente para a maioria de nós e aconteciam mais rapidamente à medida que crescíamos. A nossa identidade se expande e toma forma de modo parecido.

Também vivemos um processo semelhante ao passar pela escola. Na primeira etapa do ensino fundamental, a ideia de estar na segunda etapa é um sonho. Depois, quando chegamos lá, a possibilidade de entrar no ensino médio parece boa demais para ser verdade. Aqueles garotos são tão legais e maduros!

Quando o primeiro dia do ensino médio finalmente chega, você se transforma em um daqueles estudantes legais do ensino médio. Contudo, no primeiro ano você ainda não é tão legal quanto o pessoal do segundo ano. Eles são mais velhos, alguns já dirigem e outros já estão pensando na faculdade.

Pense em quando você estava no primeiro ano do ensino médio e achava os estudantes dos anos seguintes mais velhos e maduros. Ainda me lembro de como eu via o pessoal do terceiro ano da Yosemite High School. Aqueles caras não só eram incrivelmente descolados e pareciam muito mais maduros do que eu. Deviam saber tudo.

Agora, quando penso naqueles meninos incrivelmente legais que pareciam ser mais maduros e "saber tudo", eu sei que eles eram adolescentes tão imaturos, inseguros e confusos quanto eu era no terceiro ano do ensino médio. Isso me lembra de que todos nós temos o potencial de chegar ao nível das pessoas que admiramos. O futuro pode parecer uma fantasia para você agora, mas é apenas uma realidade futura que você ainda precisa criar.

Um dos exemplos mais reveladores do quanto somos capazes de expandir o paradigma de possibilidades diz respeito ao dinheiro que conseguimos ganhar. Quando crianças, ficávamos empolgados com qualquer moedinha que colocávamos no cofrinho, e a ideia de ganhar dez reais era impossível para a maioria de nós. Quando começamos a ganhar dinheiro para fazer tarefas domésticas ou éramos contratados por um vizinho para cortar a grama, deixávamos de guardar moedas para acumular um pouco mais de dinheiro. De repente, dez reais passaram a ser possíveis, e nós definimos o próximo alvo: ganhar 100 reais. Depois, a possibilidade de ganhar 100 reais aumentou para mil, que, por sua vez, aumentou para dez mil, e assim sucessivamente.

Lembro com clareza de quando tinha 19 anos e abandonei o emprego dos sonhos como DJ de rádio, ganhando apenas dez dólares por hora para tocar músicas e distribuir ingressos de shows, e me arrisquei em um emprego que pagava comissão para vender talheres da Cutco. Na primeira semana eu ganhei mais de três mil dólares, que eu levaria mais de 300 horas para conseguir trabalhando na rádio. Como é de se imaginar, ganhar em uma semana o que teria levado quatro meses para conseguir criou um novo paradigma de possibilidade para o meu futuro financeiro.

Tive a oportunidade de entrevistar vários milionários que chegaram lá pelo próprio esforço quando escrevi um dos meus livros mais recentes, *O milagre da manhã para se tornar um milionário*. Um tema comum a todos foi a expansão das possibilidades financeiras de modo gradual e contínuo ao longo do tempo.

Para a maioria dos milionários, ganhar 100 mil dólares em um ano era uma fantasia de juventude. Quando esses indivíduos finalmente conquistaram a sonhada renda de seis dígitos, ela passou a ser algo normal e eles definiram objetivos ainda maiores. Na maioria dos casos houve uma subida gradual, tanto em termos de crenças interiores quanto de renda exterior, de 100 mil para 200 mil, depois 300 mil, e assim por diante. Cada nível de renda fornecia um novo paradigma de possibilidades, abrindo espaço para outro nível de crescimento. Também é interessante observar que o nível de trabalho não necessariamente aumentou com a renda, muitas vezes até diminuiu. À medida que ganharam mais discernimento, experiência e eficiência, eles também ganharam mais dinheiro. A riqueza foi o resultado das pessoas que eles se tornaram.

COMO ATUALIZAR O PARADIGMA

Há um debate sobre o número de pensamentos que temos todos os dias. Vi diversos valores na internet, e os mais comuns estavam na faixa entre 50 e 60 mil. Independentemente de os números estarem corretos ou não, acho que todos podemos concordar que realmente temos *muitos* pensamentos todos os dias.

O número exato de pensamentos não importa. O mais importante é reconhecer que a maioria dos nossos pensamentos no dia a dia não muda. Isso passa a ser crucial quando você leva em conta que os pensamentos criam a nossa identidade. Em outras palavras, o que você pensa a seu respeito de modo consistente acaba virando a sua realidade. Você é tão capaz ou incapaz quanto acredita ser. As possibilidades para sua vida são tão limitadas ou limitadas quanto você acredita. Está tudo na sua percepção. Nós já acordamos com a mente inundada pelos padrões habituais de pensamento, muitas vezes guiados pela cronologia daquele dia. Pensamos nas tarefas do dia quando saímos de casa pela manhã. O dia inteiro nós pensamos no que está na agenda. Depois, pensamos no que precisa ser feito quando voltarmos para casa e antes de dormir. Reservamos pouco tempo (ou nenhum) para pensar em um futuro maior e esclarecer quem precisamos ser para criá-lo. Assim, a vida não muda porque nós continuamos os mesmos.

Quando temos os mesmos pensamentos, estamos confinados às mesmas possibilidades (ou à falta delas). A realidade em que vivemos agora foi e está sendo criada pelos pensamentos que ocupam a nossa mente. Para melhorar a vida, primeiro é preciso melhorar seus pensamentos habituais. O jeito mais eficaz de fazer isso é criando frases *escritas* (para não confiar somente na memória), feitas estrategicamente para guiar e concentrar o pensamento no que é mais importante para você, no que é possível para você, em quem você precisa se transformar e o que precisa fazer para que o possível passe a ser *inevitável*. Vamos ensinar a fazer isso com detalhes no Capítulo 9.

Todos os *Mestres dos milagres* começam dispostos a se ver como melhores do que já foram. Ao fazer isso, você percebe que as ações feitas no passado

98 A EQUAÇÃO DO MILAGRE

não são importantes; o que importa são os pensamentos. Quando você assumir o controle e a responsabilidade pelos pensamentos, vai entender que a sua capacidade de criar resultados e melhoras significativas na vida sempre existirá. Ao fazer esse processo de modo consistente, a probabilidade de ter mais sucesso aumenta.

O ANO QUE MUDOU TUDO

Antes de sair da Cutco, defini mais um objetivo, um salto imenso: *dobrar* o meu melhor ano em vendas. Aumentar as vendas em 25 ou cinquenta por cento dá medo, mas tentar aumentar as vendas anuais em 100 por cento era definitivamente assustador. Eu tinha passado os últimos sete anos, do fim da adolescência aos vinte e poucos, trabalhando para vender 100 mil dólares em produtos em um ano. Atingi esse objetivo duas vezes, ficando entre os dez maiores vendedores da empresa (na quinta e sexta posições) daquele ano, o que me rendeu viagens da empresa para Cancún, México e Banff, no Canadá.

Em 2004, aos 25 anos, eu estava pronto para buscar o sonho de virar escritor e palestrante, mas, quando estava prestes a fazer isso, tive uma percepção dolorosa: eu não tinha alcançado o potencial máximo como representante de vendas da Cutco. Vender 100 mil dólares foi um esforço de tempo parcial, e eu nunca tinha dado tudo de mim, pelo menos não por um ano inteiro. Eu queria dobrar o meu recorde e tentar vender 200 mil dólares em um ano, meta alcançada por poucos representantes. Entretanto, o objetivo principal era desenvolver as qualidades e características que me permitiriam conquistar tudo o que desejava para a minha vida. Esse objetivo virou a minha *missão*.

Não que eu estivesse sem objetivos para aquele ano. Na verdade, eu tinha me comprometido com outros objetivos mais significativos (em termos de qualidade e quantidade) do que nunca. Além de dobrar o meu recorde de vendas, também decidi escrever e publicar meu primeiro livro, dar 12 palestras em escolas e faculdades, fazer exercícios físicos cinco dias por semana, praticar alpinismo três vezes por semana, conhecer uma mulher para casar

UM NOVO PARADIGMA DE POSSIBILIDADES **99**

e doar dez mil dólares para a caridade. Esses eram os objetivos principais, e apenas uma parte da lista. Eu tinha objetivos para todas as áreas da vida.

Definir o objetivo mais importante e transformá-lo na minha missão para o ano teve um impacto imenso no meu jeito de conquistar tanto esse quanto os meus outros objetivos (vou ensinar a definir sua primeira missão no próximo capítulo). Ser claro em relação a qual dos meus objetivos era prioritário (vender 200 mil dólares) definia automaticamente a minha forma de passar o tempo. Em resumo: eu não me permitia gastar tempo em outros objetivos até fazer todo o processo que deixaria a conquista da minha missão praticamente inevitável.

Para dobrar as vendas anuais, eu dobrei o número de ligações que fazia todos os dias (meu "processo") e eliminei totalmente o apego emocional aos resultados dessas chamadas e das apresentações de venda que se seguiam. Apenas segui o processo que inevitavelmente me levaria ao resultado que desejava. Também formei e liderei uma equipe de colegas com o mesmo objetivo de vender 200 mil dólares naquele ano. Toda semana nós fazíamos uma reunião para contar nossas vitórias, obstáculos e lições mais valiosas. Embora isso estivesse na minha lista mais longa de objetivos, formar a equipe acabou ajudando na missão principal. À medida que eu entrava em território desconhecido, a equipe me oferecia apoio, novas ideias e muito mais energia sempre que eu começava a duvidar da minha capacidade.

Menos de 12 meses depois de definir meu objetivo, recebi o extrato de comissões pelo correio e vi que tinha feito pouco mais de 205 mil dólares em vendas naquele ano. Quase não acreditei quando vi o número. Eu me lembro de estar sentado na beira da cama e cair para trás, em câmera lenta. Parecia que estava mergulhando em uma nuvem (inserir música inspiradora aqui). O coração acelerou enquanto o cérebro tentava processar que eu tinha conquistando um objetivo considerado altamente improvável. Levou alguns minutos para que a nova realidade substituísse a antiga. Naquele momento eu percebi que todos nós temos a capacidade de superar o medo e conseguir tudo o que estivermos dispostos a nos comprometer a conquistar.

E eu não fui o único. Outras cinco pessoas da minha equipe bateram a meta de 200 mil, a maior da história da empresa. Mas este não é o fim da

100 A EQUAÇÃO DO MILAGRE

história. O interessante de ficar totalmente concentrado em um objetivo e abordá-lo com *fé inabalável* e *esforço extraordinário* é que você também conquista outros objetivos que pensava ter deixado para trás. Isso acontece porque eles se alinham com a sua nova identidade.

No período de um ano, eu também escrevi e publiquei meu primeiro livro, *Taking Life Head On*, iniciei a carreira de palestrante, consegui baixar minha gordura corporal para 5,7 por cento (nem sei se isso é saudável), conheci a mulher dos meus sonhos (com quem agora tenho dois filhos), fiz exercícios físicos cinco vezes por semana, pratiquei alpinismo três vezes por semana, comecei a fazer ioga e doei mais dinheiro do que nunca para a caridade. Foi realmente o ano em que a minha vida mudou, porque eu mudei de paradigma em relação à minha capacidade e ao que me comprometi a fazer. Em resumo, após vários anos aceitando menos do que era capaz, finalmente expandi o meu potencial e me aperfeiçoei como pessoa. Aquele foi um dos melhores anos da minha vida, pois intensifiquei os esforços e virei a pessoa que sempre desejei ser. É essa experiência que estou empolgado para oferecer a você.

Para entrar no próximo capítulo, convido você a pensar nesse novo paradigma no contexto da sua vida. Você consegue enumerar os momentos em que desistiu cedo demais ou nem começou por acreditar que o sucesso era improvável? E o momento em que superou essa dúvida (ou lógica) e acabou se surpreendendo? Todos nós temos essas histórias. Em diversos momentos da vida eu trabalhei arduamente e conquistei o objetivo, em outros eu não trabalhei tanto e tive o mesmo resultado positivo. Houve momentos em que trabalhei arduamente e não conquistei o objetivo e outros em que não trabalhei muito nem conquistei o objetivo. A questão é: o esforço nem sempre se traduz em sucesso e resultados tangíveis, mas *sempre* vai levar você a se desenvolver e a se transformar na pessoa que deseja.

Agora que falamos sobre o verdadeiro propósito de um objetivo e expandimos o seu paradigma de possibilidades, o próximo capítulo vai mergulhar ainda mais fundo e ensinar a definir suas prioridades. Você também vai descobrir qual dos objetivos será a sua missão, o objetivo mais importante e que terá mais impacto para fomentar as qualidades e habilidades de um *Mestre dos milagres*.

Capítulo 6

A MISSÃO

É hora de ganhar clareza em relação a sua prioridade máxima

*Sua vida profissional é dividida em duas áreas distintas:
o que é mais importante e todo o resto. Você terá que
levar o que é importante ao extremo e aceitar
o que acontece com o resto.
O sucesso profissional exige isso.*

— GARY KELLER

Qual é a sensação ao pensar neste novo paradigma de possibilidades? Agora que você tem uma compreensão totalmente nova sobre o verdadeiro propósito de um objetivo, já pode começar a definir objetivos realmente importantes do tamanho que desejar e não há mais nada a temer, pois você *não pode* fracassar. É possível apenas aprender, crescer e se tornar melhor do que nunca. Quanto mais longe da zona de conforto você estiver, mais vai aprender, além de progredir e personificar as qualidades de um *Mestre dos milagres* mais rapidamente. Um mundo de inevitabilidades sem limites acabou de se abrir.

Talvez você tenha sonhado com a sua vida (e com a sensação) caso passasse a viver dessa forma, aumentando a renda até estabelecer um nível inabalável de segurança financeira, fazendo mais exercícios físicos até

102 A EQUAÇÃO DO MILAGRE

chegar à melhor forma física de todos os tempos e *finalmente* começando a riscar todos os itens na lista aparentemente esquecida dos maiores sonhos e objetivos enquanto você realiza e conquista todos ao mesmo tempo.

Espere um minutinho. Tudo ao mesmo tempo? Você achava que conquistaria *todos* os seus maiores objetivos ao mesmo tempo? Vamos falar um pouco sobre isso.

O PODER DA SINGULARIDADE

Em meu trabalho com pessoas de todo tipo nos últimos vinte anos, um obstáculo bastante comum é o fato de que a maioria de nós procura trabalhar em muitos objetivos ao mesmo tempo, sem ter clareza em relação a qual deles merece prioridade. Temos objetivos de saúde, família, finanças, trabalho, relacionamentos, a lista não tem fim. Você sabe o que acontece quando não priorizamos esses objetivos? Ficamos ocupados, talvez façamos progressos irrelevantes, mas quase sempre erramos o alvo e/ou nos sentimos sobrecarregados.

Podemos comparar esse tipo de definição de objetivos com o jeito multitarefa de ser. É muito fácil assumir várias tarefas ao mesmo tempo. Somos culturalmente condicionados a passar os dias dessa forma, dividindo o cérebro para realizar atividades variadas, aparentemente ao mesmo tempo. Verificamos uma notificação do Facebook enquanto trabalhamos, falamos no celular enquanto dirigimos, lemos mensagens de texto enquanto brincamos com as crianças. Parece que somos multitarefas, mas será que isso nos torna mais eficientes?

A resposta simples é não. Segundo um estudo feito em Stanford no ano de 2009, as pessoas multitarefas com vários meios de comunicação na verdade são menos eficientes. Elas têm mais dificuldade para filtrar informações não essenciais e alternar entre duas tarefas. A memória delas também não é tão boa quanto a de quem não divide a atenção enquanto trabalha.[*] Ser

---

[*] Eyal Ophir, Clifford Nass e Anthony D. Wagner, "Cognitive Control in Media Multitaskers", *Proceedings of the National Academy of Sciences of the United States of America* 106, n. 37 (2009): 15583-87, https://doi.org/10.1073/pnas.0903620106.

multitarefa torna o progresso mais lento, e dar a mesma importância a vários objetivos faz exatamente o mesmo.

Digamos que você divida o foco entre cinco objetivos ao mesmo tempo. Em poucos meses, talvez você tenha progredido entre cinco a sete por cento em alguns, enquanto outros ficaram para trás e conseguiram apenas dois a três por cento e houve os que você nem chegou a começar. Em mais alguns meses, você pode ter progredido mais cinco a sete por cento em alguns, dois a três por cento em outros e evitado completamente pelo menos um ou dois. Após seis meses, você quase não avançou em nenhum objetivo. A essa altura, provavelmente a motivação e empolgação inicial, de quando você definiu cada objetivo, já se perderam, e surge a tentação de passar para cinco novos objetivos, diferentes, estimulantes e empolgantes. Se você abordá-los da mesma forma, vai fazer outros cinco a sete por cento de progresso (ou menos) em seus novos objetivos. Essa abordagem de dividir o foco entre muitos objetivos vira um ciclo sem fim de objetivos fracassados e de potencial não realizado. Isso também o impede de desenvolver a capacidade de priorizar, se concentrar e manter o foco por um longo período de tempo, algo crucial para conquistar objetivos significativos e criar milagres tangíveis e mensuráveis.

Quanto mais objetivos definimos com a mesma prioridade, menor a probabilidade de conquistarmos o que é mais importante para nós. Se não formos bem claros em relação à maior (e única) prioridade, a natureza humana nos leva a buscar o caminho mais fácil e nos envolver nas atividades de consequências menos significativas. Mandamos um e-mail quando poderíamos ser mais eficientes em um telefonema. Assistimos à Netflix quando poderíamos ler um livro de desenvolvimento pessoal. Permitimos que o ato de ficar ocupado roube o nosso potencial ilimitado.

Precisamos parar de fazer isso. É hora de aprender a se concentrar em suas prioridades para vivenciar mais o que realmente importa. Neste capítulo e no restante deste livro, você vai se concentrar em um só objetivo, o que for mais importante e tiver impacto mais significativo em sua qualidade de vida. Sei que isso pode parecer inquietante. Você pode dizer: "Mas Hal, muitos objetivos são importantes para mim, e eu gostaria de conquistar vários.

Como você espera que eu escolha apenas um?" Eu sei. E entendo que isso parece ir contra toda a cultura de ser multitarefa, mas eu realmente quero que você se transforme em um *Mestre dos milagres*, e estabelecer e manter um foco único é o jeito mais eficaz de fazer isso.

O bilionário fundador do Priceline.com Jeff Hoffman deu uma palestra em um dos retiros Quantum Leap Mastermind organizados por mim e meu sócio Jon Berghoff e esta anotação se destacou: "Você não consegue ganhar medalha de ouro em mais de um [esporte]." Vamos refletir sobre isso por um minuto. Boa parte dos atletas olímpicos passa a vida inteira se desenvolvendo para serem os melhores do mundo em uma tarefa. E lembre-se do que aprendemos no último capítulo: quando você escolhe e se compromete com uma missão, conquistar os outros objetivos fica mais provável, porque você passa a viver de acordo com a sua prioridade máxima.

Neste capítulo, você vai admitir se está ou não vivendo de acordo com a sua prioridade máxima. (Há uma grande probabilidade de não estar. Fique tranquilo, você definitivamente não é o único.) Você vai tomar a iniciativa e se comprometer com uma só missão (e recomendo fazer isso enquanto estiver lendo este capítulo, quando todo o material estiver fresquinho na cabeça) antes de procurar algumas redes de segurança para garantir que sua missão será cumprida. O objetivo de tudo isso é prepará-lo para o primeiro Desafio de A Equação do Milagre para a mudança de vida em trinta dias do Capítulo 10.

Muito bem, agora respire fundo. Lá vamos nós.

COMEÇAR PELO QUE É MAIS IMPORTANTE

Alguns diriam que o jeito mais rápido de identificar sua prioridade máxima é enfrentar a própria mortalidade ou a mortalidade de alguém próximo. Quando recebi o diagnóstico de câncer aos 37 anos, eu pensava que minhas prioridades (sim, eu tinha várias prioridades naquela época) eram: número um, família; número dois, saúde; número três, amigos; número quatro, segurança financeira; número cinco, produtividade/conquistas; e número seis, diversão; exatamente nessa ordem. Contudo, ouvir que tinha entre setenta e oitenta por cento de chance de morrer nos meses seguintes revelou algo que também vale para você: eu estava vivendo uma ilusão.

Se você tivesse me perguntando o que era mais importante em meu mundo, eu teria dito, sem hesitar: "Minha família." E eu realmente achava isso. Não havia nada e ninguém que eu amasse mais do que minha esposa e nossos dois filhos. Eles eram o meu mundo; eu realmente acreditava que todas as outras prioridades vinham depois e tudo o que eu fazia era por eles.

Então, qual era o problema? Onde estava a desconexão? Bom, não foi difícil perceber após uma rápida avaliação da minha agenda. O jeito como eu passava o dia contava uma história bem diferente: eu viajava a negócios o tempo todo, trabalhava mais de sessenta horas por semana e abria mão do tempo com a família nos fins de semana porque tinha *outro* grande projeto para entregar. Se a família era realmente minha prioridade número um, ela com certeza ficou de lado, muitas vezes em prol de prioridades aparentemente menos importantes. Minhas ações não se alinhavam com o que eu considerava (e até acreditava ser) mais importante para mim.

Após um momento de introspecção e reflexão profundas, descobri que valorizava a produtividade e as conquistas acima de tudo. Quase todo o meu tempo e energia iam para terminar um projeto e garantir outro. Em vez de contar histórias para meus filhos na hora de dormir, eu me preocupava com as métricas de negócios. Em vez de ouvir minha esposa contar sobre o seu dia, eu fazia o aceno de cabeça obrigatório enquanto olhava meus e-mails e respondia os mais urgentes. Eu não me concentrava em uma tarefa, especialmente quando se tratava da minha família. Mas eu tinha bons motivos, ou pelo menos achava isso. Eu valorizava a segurança financeira para mim e minha família. Eu desejava que essas pessoas que significavam tudo para mim estivessem bem alimentadas, bem-vestidas e confortáveis. Contudo, quando parei e examinei essa linha de raciocínio, eu vi que o foco na segurança financeira não vinha do amor pela família; ele vinha do medo. A mudança sutil na minha prioridade não tinha nada a ver com eles, no fim das contas.

Nos anos após a crise econômica de 2008, deixei de ser uma pessoa que tinha controle total sobre as próprias finanças e perdi mais da metade dos meus clientes, que sofreram os efeitos da crise e não podiam mais bancar os meus serviços. Não consegui pagar a hipoteca com o grande impacto na renda, então acabei perdendo a casa e arruinando o meu crédito. Cheguei ao fundo do poço, e foi terrível. Nada que eu fazia para tentar melhorar os negócios funcionava, e as dívidas só aumentavam. Eu não sabia como sair daquele buraco financeiro. Mesmo após reverter a situação e seguir em frente, anos depois eu percebi que ainda era movido por um medo profundamente arraigado de perder tudo.

Por isso, cada e-mail de cliente ficava acima de tudo. Cada palestra que eu dava era uma tábua de salvação. Sim, eu queria sustentar minha família. Mais do que isso, eu tinha medo de enfrentar outra crise financeira, a depressão e a sensação de não ter controle sobre minha vida.

Para combater esse medo, a produtividade virou minha prioridade máxima, seja conscientemente ou não. Falando com várias pessoas após minhas palestras neste ano, eu vejo que isso acontece com quase todo mundo. Não importa se você chama de produtividade, sucesso, conquistas ou trabalho, todos caem na mesma categoria e muitos estão literalmente viciados nisso. Não só mantemos o foco em tarefas que nos ocupam e não são importantes como nos concentramos nelas em detrimento do que realmente importa para nós.

Quando trabalhamos sem parar dessa forma, é danoso tanto para o corpo quanto para o cérebro. Então, logo de cara estamos prejudicando a saúde. Olhando ainda mais além, também prejudicamos a família, a diversão, a espiritualidade e até o trabalho (tudo ao mesmo tempo) porque acabamos esgotados. Se você realmente tiver apenas uma prioridade máxima, todo o resto vai para o fim da lista.

Entretanto, fazemos isso não apenas com tarefas relacionadas à produtividade; o processo se repete em várias atividades de menor importância. Pense no tempo que você passa "maratonando" séries na Netflix, acompanhando as notícias, acessando a internet, vendo o feed do Facebook ou até jogando no celular. Sim, tudo isso prejudica o tempo que você gasta em sua prioridade máxima. Se você já pensou *Não tenho tempo para cuidar da minha prioridade máxima todos os dias*, não necessariamente significa que isso seja verdade. Muito provavelmente você está gastando o tempo em atividades de menor importância que considera de alta prioridade apenas porque gasta muito tempo nelas. Lembre-se: a sua agenda não mente.

Só quando recebi o diagnóstico de câncer eu percebi que vivia em desacordo com minha prioridade máxima e também que era movido pelo medo. Claro que eu tinha um bom motivo para isso, com base no meu passado, mas não acho que alguém deseje viver movido pelo medo. Eu definitivamente não queria isso, então decidi fazer algumas mudanças radicais para que minha prioridade máxima, que era a família, realmente viesse em primeiro lugar. Tudo começou quando voltei para casa após a primeira das cinco sessões de quimioterapia. Sentei em frente ao meu filho, que na época tinha 4 anos, e disse:

— Filho, você decide o que vamos fazer hoje! Podemos ir para o lago, andar de kart, jogar boliche. *Tudo* o que você quiser!

A resposta dele foi:

— Sério? Hmm... Vamos brincar com meus brinquedos no meu quarto!

Achei que ele tivesse me entendido mal:

— Não, filho. Eu disse que nós podemos fazer *tudo* o que você quiser! Se você pudesse escolher qualquer atividade, qual seria?

Ele continuou:

— Eu só quero brincar com você no meu quarto.

Isso abriu meus olhos. Eu percebi que a prioridade máxima do meu filho era brincar comigo. Se a família realmente estava em primeiro lugar, o que era mais importante para o meu filho precisaria ter igual importância para mim.

Naquele breve momento eu tive uma percepção simples, porém profunda: meus filhos não vão se lembrar de quantos pagamentos de hipoteca eu fiz, nem se importar com a quantidade de livros que vendi. E, no fim da vida (que eu espero estar bem longe), eu também não vou ligar para isso. Percebi

108 A EQUAÇÃO DO MILAGRE

também que, ao esperar o fim do expediente para ter uma convivência super-ficial com meus filhos, eu dava às pessoas mais importantes da minha vida um pai "de segunda linha". Eles não recebiam a melhor versão de mim. Eles me recebiam física e mentalmente esgotado. E eles também ficavam assim. Eu precisava mudar isso para que a família realmente viesse em primeiro lugar na minha agenda, tanto em termos literais quanto metafóricos.

Então, antes de brincar com meu filho no quarto dele aquela manhã, agendei um compromisso recorrente de trinta minutos para brincar com ele assim que acordasse, antes de ele ir para a escola. Isso me custou apenas um pouco do tempo, significou tudo para ele e nós conseguimos aprofundar nossa conexão todos os dias.

ALINHAR A AGENDA COM A PRIORIDADE MÁXIMA

Desde aquele dia com meu filho, e após me recuperar do câncer, mantive o foco total na família e agi de modo extremamente intencional para ser o melhor pai e marido possível. Esse foco me levou a fazer mudanças radi-cais na agenda a fim de alinhá-la com minha prioridade máxima e o que realmente importava. Veja como ficou um típico dia ou semana para mim.

Continuo acordando todos os dias às 4h30 para fazer o *Milagre da manhã* e os *Salvadores de vida*. No tempo de Leitura, agora tenho uma regra segundo a qual só posso ler um livro de negócios se tiver terminado pelo menos dez páginas de uma obra sobre educação de filhos ou casamento. Esse compro-misso lembra todos os dias que a família é a minha prioridade máxima.

Às 6 horas eu vou para o quarto do meu filho e da minha filha para acor-dá-los (algo que minha esposa *sempre* fazia enquanto eu seguia uma rotina matinal isolada). Tento acordar meus filhos para começar o dia com emoções e mentalidade positivas. Primeiro, vou até a cama deles e faço carinho ou cócegas. Depois falo palavras positivas enquanto eles estão acordando, como "Bom dia para o meu filho/minha filha favorito/a. Você é gentil, carinhoso/a e inteligente. Você está recebendo um monte de energia positiva neste exato momento, enquanto acorda. É hora de sair da cama e fazer de hoje o melhor dia da sua vida." Eu digo o que me vem à cabeça. Frequentemente canto as afirmações para eles, às vezes com uma voz engraçada, só para variar um pouco e fazer o acordar ser uma experiência prazerosa para eles.

Quando as crianças estão vestidas e com os dentes escovados, fazemos uma versão "infantil" de *O milagre da manhã*. Depois, eu passo um tempo com meu filho (a atividade favorita dele), que evoluiu de brincar com bonecos de ação para jogos de tabuleiro. Após o *Milagre da manhã* para crianças e um pouco de brincadeira, eu basicamente ajo como assistente pessoal da minha esposa, ajudando-a a preparar os lanches das crianças e a arrumar os dois para escola (algo que eu também *nunca* fazia, pois estava trabalhando no escritório). Ajudar minha esposa e filhos a se arrumarem de manhã agora é uma experiência familiar significativa. Não é uma obrigação, e sim uma oportunidade para aprofundar nossa relação e influenciar positivamente os meus filhos.

Depois, eu levo as crianças para a escola (outra tarefa que costumava delegar para minha esposa, sem prestar muita atenção). Esse tempo que passamos juntos todas as manhãs, definindo as intenções deles para o dia, tendo conversas significativas, ouvindo músicas alegres e dançando (sim, nós fazemos festa e dançamos no carro), não tem preço! Também comecei a sair do trabalho às 14 horas em vez de às 17 horas três dias por semana para buscar as crianças na escola. Foi difícil liberar essas três horas na minha agenda, mas estou muito feliz por ter feito isso.

Por volta das 17 horas nós jantamos em família e brincamos de Alfabeto da Gratidão, jogo em que nos revezamos dizendo motivos para sentir Gratidão, iniciando por algo que comece com a letra A. Eu também participo da rotina de colocar as crianças para dormir, lendo alguma história para os dois ou contando um caso da minha infância (aliás, essa é uma ótima forma de fazer seus filhos conhecerem você *e ainda* ensinar lições valiosas que você aprendeu ao longo da vida). Isso também garante que estou encerrando o dia com minha prioridade máxima, conviver com meus filhos assim que acordo e antes de eles irem dormir.

110   A EQUAÇÃO DO MILAGRE

Aos sábados eu levo as crianças para um dia de diversão com o papai, o que nos dá outra oportunidade para conviver e fazer algo divertido e ao mesmo tempo oferece a minha esposa um dia só para ela. Além disso, toda semana minha esposa e eu temos religiosamente a "noite do namoro", quando contratamos uma babá e saímos juntos, só os dois.

Todas essas mudanças não aconteceram da noite para o dia, mas de modo gradual. E definitivamente não foram fáceis de colocar em prática. Eu ainda tenho um medo arraigado de que a economia entre em colapso de novo e me leve a outra crise financeira, o que só reforça meu vício no trabalho/produtividade. A boa notícia é: descobri que, quanto mais você se compromete a viver de acordo com sua prioridade máxima, mais fácil e mais natural ela fica (como acontece com qualquer mudança). Há pouco tempo eu poderia ter ido a um evento importante para a minha empresa, mas respondi, sem hesitar: "Não, obrigado. Vou estar com meus filhos nesse dia."

Também estou longe de ser perfeito. Às vezes ainda preciso pedir a ajuda da minha esposa, mas o grande progresso no que diz respeito ao relacionamento com minha prioridade máxima (a família) é que não estou mais disposto a passar tempo "suficiente" com eles para riscar um item imaginário da lista naquele dia. Enquanto eles forem jovens e ainda quiserem conviver comigo (pais mais experientes me avisaram de que vai durar menos tempo do que eu gostaria), estou comprometido a passar o máximo de tempo possível com eles. Minha prioridade número um na vida é ter uma boa relação e ser uma influência positiva para os meus filhos. E o único jeito de conseguir isso é conviver com eles e estar presente. Quanto mais tempo passamos juntos, mais profunda se torna a nossa conexão e maior será a influência positiva no desenvolvimento deles. Então, eu aproveito essas oportunidades sempre que posso.

Eu preferia ter passado pela experiência desses anos em que não vivi de acordo com a minha prioridade desacompanhado, mas, após divulgar a mensagem (pós-câncer) "O que é mais importante" para milhares de pessoas, eu sei que fazia parte da maioria. Se você estiver nessa categoria, é fundamental reconhecer isso e se comprometer a mudar. Seja honesto consigo mesmo. Se você considera o trabalho sua prioridade máxima, simplesmente assuma esse compromisso e não se culpe. Antes de ter uma família, eu era excelente em colocar o trabalho como prioridade máxima. Em algumas ocasiões o trabalho ainda tem esse status, mas agora é exceção. Se você decidiu que a saúde precisa ser a prioridade máxima, faça suas ações e sua agenda estarem de acordo com essa escolha.

Saiba que a prioridade máxima pode e vai mudar. Tenho certeza de que sua prioridade agora não é a mesma dos seus 15 anos de idade. E vai mudar de novo, talvez várias vezes ao longo da vida, então não se sinta pressionado para descobrir sua prioridade máxima agora. E não tenha medo de prejudicar seus objetivos por causa dessa escolha. Você vai descobrir que, quando tiver clareza em relação à prioridade máxima e o que realmente importa para você, sua produtividade vai aumentar.

O QUE É MAIS IMPORTANTE PARA VOCÊ?

Você consegue dizer sem hesitar que tem consciência do que é mais importante em sua vida? Família? Amigos? Saúde? Conquistar objetivos? Se você não tiver certeza, é melhor se empenhar para descobrir, pois as pessoas mais realizadas e bem-sucedidas da Terra identificaram com clareza o que é mais importante para elas (isto é, seus valores e prioridade máxima) e vivem diariamente de acordo com o que realmente importa para elas.

Eu sei que nem todos tiveram uma experiência transformadora a ponto de enxergar com mais clareza o que é mais importante e querer viver de acordo com esse valor. Então, se você ainda estiver tentando descobrir, podemos experimentar outra abordagem.

Vamos para o futuro por um instante. Imagine que você esteja vivendo como um *Mestre dos milagres*, acordando e enfrentando todos os dias com *fé inabalável* e *esforço extraordinário*. Você está criando resultados de modo consistente que geram sensações de conquista e realização. As pessoas agora olham para *você* e pensam *Nossa, tudo flui com tanta facilidade para essa pessoa. Que sorte!* Você está mais feliz e em paz do que nunca, pois está

112 A EQUAÇÃO DO MILAGRE

vivendo de acordo com seus valores e habilidades. E sua agenda prova isso. Embora você veja oportunidades em toda a parte, pode recusar a maioria delas porque só capitaliza em cima das que representam as suas prioridades.

Ao pensar no "eu do futuro" que é *Mestre dos milagres*, o que você valoriza mais na vida? Família, saúde, trabalho, finanças, espiritualidade, diversão, contribuição ou desenvolvimento pessoal? Como você sabe disso? Que atividades na agenda correspondem aos seus valores mais altos e prioridade máxima?

Sei que estou falando demais sobre isso, mas identificar o que você valoriza será fundamental para definir sua missão. Os milagres, especialmente os do tipo tangível e mensurável, são muito mais fáceis de obter quando você vive de acordo com esses valores e com sua prioridade máxima. Do contrário, você vai se sentir constantemente massacrado pela ilusão das múltiplas prioridades e sem saber onde concentrar a energia.

Agora, se você tiver clareza em relação à prioridade máxima, pegue a sua lista de objetivos. Se você não tiver objetivo algum escrito para o ano, a vida e tudo o mais, deixe este livro de lado agora e reserve alguns minutos para definir metas que gostaria de conquistar nos próximos meses. Não se preocupe em deixar tudo perfeito, apenas escreva a primeira ideia que vier à cabeça, algo que você gostaria de melhorar em cada uma das seguintes áreas:

- saúde e forma física
- família
- amigos
- trabalho
- dinheiro
- diversão
- desenvolvimento pessoal
- espiritualidade
- contribuição/caridade

Ao revisar seus objetivos para determinar qual deles é importante a ponto de ser prioridade máxima, responda a esta pergunta: **Qual desses objetivos vai me permitir desenvolver as qualidades e características necessárias para conquistar tudo o que desejo para minha vida?**

Esse objetivo deve levar você a se ver como *Mestre dos milagres*, baseando-se em qualidades e características como disciplina, resiliência, consistência e, mais importante, *fé inabalável* e *esforço extraordinário*. Esse objetivo se alinha com o valor máximo no qual você deseja viver? Se não for o caso, pense em mudar de valor ou de objetivo. Lembre-se: todo o foco e energia precisam fluir na direção da nova identidade para ficar em sincronia com seus principais objetivos e valores. Além disso, não se afaste dos objetivos que intimidam ou pareçam difíceis demais. É normal que um objetivo prioritário intimide ou assuste. Ele precisa estar fora da sua zona de conforto e obrigar você a mudar seu jeito de ser, portanto deve ser realmente significativo.

O objetivo de perder uma quantidade substancial de peso exige que você desenvolva as qualidades e a identidade de um *Mestre dos milagres*? Que tal abrir uma empresa, trocar de carreira, escrever um livro, correr uma maratona ou dobrar sua renda? Estes dois últimos funcionaram para mim.

Uma vez obtida a clareza em relação ao objetivo que vai ajudar você a caminhar para essa nova identidade de modo mais eficaz, ele vai virar sua *missão*. Eu uso a palavra *missão* intencionalmente (na minha vida também), porque evoca um tom mais solene e sugere um propósito maior. Segundo o dicionário Merriam-Webster, objetivo é "um fim em direção ao qual se direciona um esforço". Definir objetivos é legal. Você imagina vários resultados maravilhosos, e, se eles não acontecerem, basta escolher novos objetivos e se divertir imaginando quando eles serão realidade. Acabam sendo mais como fantasias.

A missão, por outro lado, implica outro nível de comprometimento. Cem objetivos nunca terão o peso de uma missão. Os militares cumprem missões, organizações humanitárias também. É uma importância bem superior à de um objetivo, que em geral está ligado a uma visão maior. Usar outra linguagem vai criar uma nova experiência para você.

Objetivos: várias metas que desejamos conquistar.

Missão: meta única que tenho o compromisso de conquistar, não importa o que aconteça.

114 A EQUAÇÃO DO MILAGRE

Lembre-se: a fim de escolher a missão (caso ainda não tenha decidido), olhe para todos os seus objetivos e responda: **Qual desses objetivos me permite virar a pessoa que preciso ser para conquistar tudo o que desejo para a minha vida?**

Minha missão é: _____
_____
_____
_____
_____
_____

Agora que pegamos embalo e definimos a missão, não entre em pânico. Você deve estar se perguntando: *Como eu vou conquistar esse objetivo imenso?* Não vamos falar nisso agora, mas prometo ensinar os detalhes para desenvolver o processo no Capítulo 8. E já adianto: será muito mais fácil do que você imagina. Então, vamos em frente.

CRIAR REDES DE SEGURANÇA PARA A MISSÃO

Se você está aprendendo a andar na corda bamba (eu não estou), antes mesmo de subir na corda, a primeira preocupação que faz questão de ter é conferir se existe uma rede de segurança. O mesmo vale para quando você experimenta qualquer atividade nova, assustadora e fora da sua zona de conforto.

A primeira barreira quando se trata de criar um milagre é estabelecer a *fé inabalável* (que vamos abordar em detalhes no próximo capítulo). Quanto mais a missão avançar na direção do provável, maior a probabilidade de você se envolver e manter esse envolvimento. Antes de mergulhar em uma missão, veja algumas estratégias que você pode usar para aumentar a chance de cumpri-la.

Estabelecer missões mensais (e conquistar mais a cada 30 dias do que a maioria das pessoas consegue em 12 meses)

Todo início de ano é uma época empolgante para conquistar objetivos, pois oferece a oportunidade de refletir sobre o progresso feito no ano anterior e definir novos objetivos para os próximos 12 meses. Contudo, todo ano milhões de pessoas definem metas anuais e a maioria não cumpre as promessas de um jeito ou de outro. Por que isso acontece?

O excelente livro *The 12 Week Year* abriu os meus olhos para a seguinte perspectiva: um ano é muito tempo, talvez até demais. Não cumpriu seus objetivos no fim de janeiro? Tudo bem, você ainda tem onze meses para voltar aos trilhos. Continua sem rumo em abril? Não se preocupe, ainda tem maio, junho, julho, agosto, setembro, outubro, novembro e dezembro para compensar isso. Bastante tempo, não é?

O desafio dos objetivos de longo prazo é o seguinte: ao nos darmos muito tempo, perdemos o fundamental senso de urgência. Quando a procrastinação se une a uma noção irreal e perpétua de otimismo em que você sempre pensa "Tenho muito tempo", adiar vira um luxo que acreditamos erroneamente ser capazes de bancar. Esse ciclo leva a oportunidades perdidas, objetivos não alcançados e ao potencial não realizado.

E se, em vez de 12 meses para conquistar seus objetivos, você estabelecesse apenas um? E se *a cada mês* começasse o seu ano novo? E se cada mês fosse uma oportunidade para refletir sobre o seu progresso, definir novos objetivos e recomeçar?

Estabelecer uma missão mensal, um objetivo que ajude a sua missão maior, vai manter o foco preciso na sua prioridade máxima a cada mês. Também vai dar uma noção saudável e consistente de urgência, além de manter você nos caminho certo para a missão final: desenvolver a mentalidade e os comportamentos de um *Mestre dos milagres*.

Preparar o ambiente

Sem perceber, muitas vezes colocamos obstáculos e atrapalhamos nossos objetivos. Queremos perder dez quilos, mas enchemos a despensa de biscoitos e refrigerantes. Pretendemos meditar ou fazer exercícios físicos de manhã,

116 A EQUAÇÃO DO MILAGRE

mas olhamos para o telefone e somos sugados por e-mails, redes sociais e uma lista de tarefas que nunca termina. Alegamos ter grandes objetivos e sonhos, mas não reservamos horário na agenda para trabalhar neles.

Avalie o ambiente e confira a agenda para garantir que nada interfira em sua prioridade máxima. O ideal é que a *Hora da missão* seja um compromisso recorrente na agenda, realizado o mais cedo possível para garantir que você realize as tarefas cruciais primeiro. Quanto mais você esperar, maior a probabilidade de adiá-las até o último dia (levante a mão se você já fez isso). Também é mais fácil fazer as tarefas mais importantes quando você tiver mais energia e a cabeça mais limpa. Se quiser ir à academia quando sair do trabalho, deixe a bolsa de ginástica no carro. Você pode até trocar de roupa antes de sair do escritório para ficar mais fácil cumprir o seu objetivo.

Se quiser garantir mais clientes para sua empresa, defina um horário e lugar tranquilo para fazer telefonemas e reuniões. Se o objetivo for dominar outro idioma, cerque-se de livros, estações de rádio e até pessoas que falam o idioma. Já ensinei a criar o espaço emocional dentro de nós para que os milagres aconteçam. É preciso preparar o espaço físico também.

Pense também em quem está ao seu redor. Se você estiver cercado de pessoas que dão muitas desculpas e não chegam a lugar algum na vida, vai ser difícil arranjar motivação. Procure quem já esteja fazendo o que você gostaria ou pelo menos viva de acordo com a prioridade máxima deles e conquiste o sucesso, seja lá qual for.

Depois que alinhei minha agenda com a missão de priorizar a família, tudo basicamente funciona no piloto automático. Isso fez com que eu me concentrasse na missão de continuar livre do câncer para ter uma vida longa e saudável com minha família, e eu organizei meu ambiente para ajudar nessa missão. Toda manhã passo dez minutos recitando afirmações para ficar livre do câncer, seguidos por dez minutos de meditação com o mesmo objetivo, e depois leio dez páginas de um livro que me ensine a continuar em remissão. Bebo água com limão orgânico e recebo alimentos deliciosos e orgânicos da Veggie Vibes em casa a cada semana. Também investi em uma máquina de ozonioterapia, que uso três vezes por semana, tomo cerca de trinta suplementos por dia que comprovadamente ajudaram pessoas com o meu tipo de câncer e faço enemas semanais de café (eu garanto: o esforço não é mais extraordinário do que enfiar um tubo pelo ânus). Eu preparei todo o ambiente para auxiliar minha missão atual na vida. Como aconteceu com a missão de priorizar a família, a missão de continuar livre do câncer também já está no piloto automático, então posso redirecionar o foco para outra missão. À medida que você alinhar a agenda e preparar o ambiente para auxiliar cada missão, vai conseguir chegar à fase do piloto automático e redirecionar o foco para a missão seguinte. Ao desenvolver as qualidades e caraterísticas de um *Mestre dos milagres*, você vai chegar ao piloto automático de modo cada vez mais rápido e fácil.

Estabelecer uma forma de responsabilização

Sei que é fácil se estressar e desistir quando você está tentando fazer algo inédito. Pedir ajuda e se cercar de indivíduos que pensam da mesma forma é uma boa ideia pelo seguinte motivo: formar e liderar uma equipe oferece responsabilidade, estímulo e perspectiva, que podem ser cruciais para cumprir sua missão.

Em primeiro lugar, vocês se responsabilizam mutuamente por fazer o que prometeram. Um dos recursos mais poderosos e subutilizados disponíveis é a *integridade*, que eu defino como *fazer o que prometeu, sem desculpas ou exceções*. Quando você se compromete a viver com uma integridade impecável, ganha o poder de materializar a própria vida, pois, se você diz que vai fazer algo e mantém a palavra, está feito (também conhecido como *é inevitável*).

Manter a integridade o tempo todo não é fácil, especialmente considerando que arranjar desculpas é um modo de ação bastante comum. Na verdade, embora façamos isso inconscientemente, tendemos a valorizar as desculpas acima da integridade. Como avaliar sua tendência a procurar desculpas? Pense no que acontece quando você não está cumprindo um prazo com o qual se comprometeu. Para onde vão o seu foco e a sua criatividade? Em vez de fazer um *esforço extraordinário* para cumprir o prazo, não importa o que aconteça, você pode inventar desculpas para escapar do compromisso e adiá-lo ou eliminá-lo totalmente. O que começou na infância como "o cachorro comeu minha lição de casa" se transforma em uma tentativa mais

118 A EQUAÇÃO DO MILAGRE

sofisticada de evitar a responsabilidade. Não se sinta mal caso você perceba que age assim. A maioria das pessoas faz o mesmo. Por isso é tão importante se cercar de pessoas igualmente comprometidas a realizar o próprio potencial e conquistar objetivos significativos: elas criam uma espécie de rede de segurança. Elas podem ajudá-lo a fazer o que prometeu ou chamar a atenção quando você usar uma desculpa esfarrapada.

Essas pessoas também servem de apoio e estímulo. Convenhamos, não existe caminho fácil para conquistar um objetivo. Vão acontecer altos e baixos, com dias bons e ruins. E, quando você enfrentar vários dias ruins e quiser desistir, essa rede de apoio será crucial para o sucesso. É como ter um grupo de coaches pessoais dedicados a você, mas não é um caminho de mão única. Apoiar outras pessoas traz à tona o que há de melhor em você. Responsabilizar-se pelos outros o ajuda a ser mais responsável.

Essa equipe de *Mestres dos milagres* (ou qualquer outro nome escolhido por você) também pode oferecer abordagens e estratégias diferentes quando você ficar empacado, que podem acelerar o processo de ganhar clareza e desempacar. O simples fato de não estar sozinho também afasta o medo de um grande objetivo, e estar cercado por um grupo de pessoas que pensam da mesma forma, cada uma com estilos e estratégias diferentes, é inestimável.

Se você não conhece um grupo de pessoas que pensa da mesma forma e esteja trabalhando para conquistar objetivos significativos ou se não gosta de trabalhar em grupo, a alternativa seria encontrar um parceiro de responsabilização. Essa pessoa tem as mesmas funções do grupo, desde que você reserve um horário recorrente para conversar e a outra pessoa seja rígida o bastante para responsabilizá-lo em relação ao processo. Dois coautores de *O milagre da manhã*, Cameron Herold (*The Miracle Morning for Entrepreneurs*) e Joe Polish (*The Miracle Morning for Addiction Recovery*), são parceiros de responsabilização um do outro. Eles se falam todos os dias para ver se estão progredindo e facilitam a responsabilização mútua usando um aplicativo para cumprir metas chamado CommitTo3, no qual é possível definir três principais objetivos diários e garantir o cumprimento deles. A ideia é apenas garantir a presença de outra pessoa para ajudar você e manter sua integridade impecável. Recomendo fortemente que o parceiro de responsabilização *não* seja seu cônjuge, um parente ou alguém que você ame, porque vai fazer vista grossa com mais facilidade do que alguém mais distante. Reserve um tempo na agenda agora mesmo para recrutar pessoas, pois esse fator pode ser fundamental para o sucesso.

Procurar um (ou mais) mentor de milagres (você nunca sabe onde vai encontrar um)

Ter pelo menos um mentor é benéfico, porque todos nós estamos limitados a uma perspectiva individual. O mentor pode ser alguém na sua equipe de *Mestres dos milagres* ou até a pessoa que você escolheu como parceiro de responsabilização. Embora o mentor possa responsabilizar você, muitas vezes ele oferece uma variedade mais ampla de possibilidades. Os mentores também dão conselhos e orientações. Em alguns casos, são capazes de dar conselhos com base na própria experiência ao tentar (e talvez até conquistar) o mesmo objetivo que você deseja. Em outras ocasiões, o mentor pode ser apenas alguém que o conhece bem o bastante para ver um caminho no qual você nunca pensou ou que nunca sentiu confiança suficiente para seguir.

Jon Berghoff, que mencionei anteriormente neste livro, está na segunda categoria de mentores. Ele me influenciou positivamente ao longo dos últimos vinte anos e teve um impacto profundo em minha vida. Quando nos conhecemos, contudo, jamais imaginei que ele se tornaria meu mentor.

Em primeiro lugar, Jon é mais jovem que eu. Além disso, nós começamos como arquirrivais na Cutco. Ele foi contratado um ano e meio depois de mim e logo começou a quebrar os recordes de vendas que eu tinha estabelecido na empresa. Ainda me lembro do clima esquisito quando nos conhecemos, em uma conferência da empresa, poucos minutos após ele ter batido o meu precioso recorde no período de pico. Ao longo do ano seguinte, passamos a nos conhecer melhor e nos tornamos grandes amigos. Ele é uma das pessoas mais brilhantes que já conheci, e esse é um

120 A EQUAÇÃO DO MILAGRE

dos motivos pelos quais Jon superou todos os representantes de vendas da história da empresa (incluindo pessoas que estavam no ramo havia décadas), apesar de ser jovem e menos experiente.

Em 2001, quando ainda trabalhava na Cutco, fui chamado por outra empresa para vender produtos em meio período. Achei que seria uma boa forma de diversificar a renda e liguei para Jon a fim de convidá-lo a fazer o mesmo. A resposta, embora inesperada, mudou completamente a trajetória da minha vida. Ele disse, com a voz séria:

— Hal, o que você está fazendo? Escuta, cara. Você morreu e ouviu que nunca mais voltaria a andar, mas voltou. Eu sei que você não acha isso sensacional, porque simplesmente conseguiu e veio naturalmente, mas não é algo normal.

Segundo Jon, eu deveria contar minha história e mostrar às pessoas como eu reagi e superei a minha adversidade para que elas pudessem fazer o mesmo.

— Se eu fosse você, investiria cada minuto livre escrevendo um livro com a sua história em vez de vender produtos de outra empesa.

Pensei no que ele falou e percebi que ele tinha razão. Aquela conversa foi o catalisador para o meu trabalho de escritor e palestrante.

Divulgar a missão

Para marcar o seu compromisso inabalável com a missão e se ajudar a se responsabilizar por ela, divulgue-a. Diga às pessoas mais próximas o que você está lutando para conquistar e o motivo de se comprometer com isso, não importa o que aconteça. Não há outra opção. Sei que uma escola de pensamento não recomenda divulgar seus objetivos, alegando que é preciso fazer em vez de dizer, mas dividir seu objetivo com outras pessoas pode fazer a diferença. Quando você mantém a missão para si, fica muito mais fácil fazer vista grossa. Nós fazemos isso o tempo todo.

Conheço o impacto de divulgar objetivos porque fiz isso várias vezes. Você sabe que montei uma equipe de representantes de vendas em busca dos 200 mil dólares em vendas quando trabalhava por esse mesmo objetivo. Isso divulgou a minha missão para os colegas e ofereceu suporte e responsabilização a todos nós. E assumi um compromisso público ainda maior quando decidi correr uma ultramaratona (aproximadamente 84 quilômetros) para fins de caridade. Vamos dar um pouco de contexto em relação a esse compromisso: minhas saudações a todos os corredores que estão lendo, mas eu *não* sou um de vocês. Embora não tenha orgulho disso, eu pertenço ao clube do "odeio correr". Sempre pertenci.

Contudo, em meados de 2008 eu me comprometi com a missão de correr uma ultramaratona precisamente *porque* odeio correr. Isso parece bizarro, eu sei. Em um dos livros da série *O milagre da manhã*, eu pensei: "Que tipo de pessoa eu precisaria ser para correr 84 quilômetros em um dia? Não conheço esse cara. Nunca o vi na vida e me pergunto como ele é." Imaginei que ele fosse muito mais disciplinado e capaz do que eu. Nossa, ele poderia conquistar praticamente tudo o que desejasse, e eu realmente queria me transformar nessa pessoa.

Então, tomei duas atitudes para obter apoio e responsabilização de outras pessoas. Primeiro, fui ao Facebook e me comprometi publicamente a correr uma ultramaratona a fim de arrecadar dinheiro para minha organização de caridade favorita, a Front Row Foundation. Divulgar o compromisso me deu o ânimo necessário para seguir em frente. Quando sentia vontade de desistir (algo que todos vivenciamos na jornada para criar milagres), descobri que não gostaria de ser o idiota que se comprometeu a arrecadar dinheiro para uma boa causa e mudou de ideia. Depois, fui para a internet e comprei o livro *The Non-Runner's Marathon Trainer*.

Por sorte, três amigos se juntaram a mim na ultramaratona: James Hill, Alisha Anderer e Favian Valencia. Viramos os "ultramigos". Todos nós completamos a maratona, e, embora não possa falar pelos meus ultramigos, *eu ainda odeio correr*, mas sabe o que fiz ao longo do processo? Não só *conheci* o cara que podia correr uma ultramaratona como *me transformei* nele. E minha vida ficou melhor desde então. Ao assumir um compromisso público com pessoas que você respeita e cujo respeito você valoriza, desistir não é uma opção.

Quando a missão leva a múltiplos objetivos

Meu amigo e também colega da Cutco John Israel (eu sei, se não fosse essa empresa eu não teria amigos) é mais um ótimo exemplo de que seguir uma missão leva à conquista de múltiplos objetivos significativos. John, também conhecido como "Sr. Muito Obrigado", tem a missão de elevar o nível de gratidão no planeta em um por cento, um cartão de agradecimento por vez. No primeiro ano em que se comprometeu com essa missão, ele escreveu cinco cartões de agradecimento à mão por dia. E eles precisavam ser para pessoas diferentes. John podia mandar um máximo de três cartões para uma só pessoa no mesmo ano. Missão interessante, não é?

O jeito de abordar o resto dos objetivos também foi interessante. Todos os objetivos eram alimentados pelo filtro da missão de John: *gratidão*. Por isso ele conquistou tanto naquele ano: teve um filho, mudou-se para o outro lado do país e criou uma comunidade de *Mestres dos milagres* que são pais e têm pensamentos alinhados.

Por esse filtro, os relacionamentos e a comunidade se expandiram rapidamente e ele acabou tendo o melhor ano de todos na Cutco, vendendo um impressionante valor de 445 mil dólares [aproximadamente 1,7 milhão de reais] e cumprindo a missão de escrever e enviar 1.925 cartões de agradecimento. Ao dar mais gratidão ao mundo, ele acabou tendo vários motivos para agradecer. Todos os objetivos se alinharam com essa missão, ajudando John a conquistar praticamente tudo o que tinha definido para aquele ano.

NÃO DEIXAR OS OUTROS OBJETIVOS DE LADO

Sei que falamos sobre identificar e escolher um objetivo como prioridade máxima e transformá-lo em missão, mas isso não significa que o resto da sua vida precise ficar para trás. Significa apenas que a missão precisa vir em primeiro lugar e, uma vez cumprida, você poderá fazer o que bem entender.

Se você se lembrar, o ano em que dobrei o meu recorde de vendas também foi um dos melhores anos em termos de conquistar praticamente todos os meus outros objetivos. Definir uma missão obriga você a priorizar o tempo e se concentrar em um objetivo de cada vez em ordem de prioridade, o que é muito mais eficiente e eficaz do que acordar e trabalhar no que parece mais simples. Na verdade, pode ser até mais fácil conquistar múltiplos objetivos quando você se concentra em um.

Agora que falamos do verdadeiro propósito de um objetivo e ensinamos a escolher sua missão, os próximos dois capítulos vão mergulhar mais fundo nas duas decisões que você precisa tomar para se tornar um *Mestre dos milagres* e fazer seus maiores objetivos passarem de possíveis a prováveis e depois a inevitáveis. Se o compromisso com um objetivo tão grande e assustador parece impensável, talvez seja melhor ler as páginas a seguir duas vezes.

Capítulo 7

PRIMEIRA DECISÃO:
FÉ INABALÁVEL

Você precisa acreditar até...

A falta de fé é o que faz com que as pessoas tenham medo
de enfrentar desafios, e eu acreditei em mim mesmo.

— MUHAMMAD ALI

Você sabia que:

Vinte e sete editoras recusaram o primeiro livro do Dr. Seuss? Depois ele publicou mais de sessenta títulos de sucesso, vendendo mais de seiscentos milhões de livros em todo o mundo.

Babe Ruth fez 1.330 *strikeouts* e também bateu o recorde de *home runs*? Ele é considerado um dos maiores jogadores de beisebol de todos os tempos.

Vincent van Gogh vendeu apenas uma pintura (para um amigo), mas continuou pintando? Quando morreu, ele tinha criado mais de oitocentas obras, que agora valem milhões de dólares cada.

O multitalentoso ator, produtor e diretor Tyler Perry perdeu todo o dinheiro que tinha (e ele não tinha muito) quando sua primeira peça fracassou? Sem se abalar, ele seguiu em frente, continuou reformulando e encenando a peça e chegou a morar no carro em algumas ocasiões. Levou seis anos, mas *finalmente* a peça foi um sucesso e a carreira dele teve uma ascensão meteórica. O patrimônio líquido de Tyler chegou às centenas de milhares de dólares desde então.

Walt Disney foi demitido de um jornal porque "não tinha boas ideias" antes de fundar uma das empresas mais criativas que já existiram?

Após fazer uma audição no Grand Ole Opry, Elvis Presley ouviu que deveria voltar a ser caminhoneiro? Ele ignorou o conselho e virou um ícone da música.

Michael Jordan foi cortado do time de basquete da escola antes de entrar para o Chicago Bulls e virar uma lenda do basquete?

Algumas dessas histórias eu já tinha ouvido. Outras eu não conhecia até começar a pesquisa para este livro, mas achei todas incrivelmente interessantes. Dr. Seuss continuou escrevendo, Babe Ruth continuou jogando, Van Gogh continuou pintando, Tyler Perry continuou a encenar a peça, Walt Disney continuou criando, Elvis Presley continuou cantando e Michael Jordan continuou jogando. Mas qual foi o motivo? Por que eles continuaram? Para muitos deles, o sucesso veio anos depois da tentativa inicial. Alguns até enfrentaram a ruína financeira pelo caminho. Cada um deles, em algum momento, enfrentou as mesmas dúvidas que todos nós. Por que (e talvez seja uma pergunta melhor: como) eles persistiram mesmo após vários fracassos?

A única resposta possível e verdadeira para todos os casos é que eles mantiveram a *fé inabalável*.

Como você sabe, a Equação do Milagre engloba duas decisões que precisam ser estabelecidas e mantidas por um longo período: *fé inabalável* e *esforço extraordinário*. Se você escolher tomá-las, vai aumentar radicalmente a probabilidade de sucesso. Elas não garantem o sucesso, nem conjuram qualquer energia mágica que atrai o resultado desejado. Na verdade, é algo muito mais concreto.

Como ilustrado pelos *Mestres dos milagres* acima, estabelecer e manter a fé na própria capacidade de conquistar algo leva você à ação. E, quanto mais você age, maior a probabilidade de ter sucesso, e mais eficaz você fica ao longo do caminho. Enquanto você se move na direção do resultado que se comprometeu a obter, o *possível* começa a ficar *provável* e ao longo do tempo acaba sendo *inevitável*. E assim você chega a uma vida de milagres.

O que eu entendo dessas histórias, e espero que você também entenda, é: o sucesso dificilmente cai no seu colo, e não existem atalhos para chegar lá. O único jeito de seguir em frente é mantendo a fé. Nenhuma dessas pessoas (e tantas outras) teria chegado ao ápice da carreira se tivesse deixado os obstáculos atrapalharem sua visão e abalarem sua fé, que alimentava seu esforço constante muito antes de elas chegarem ao sucesso. A decisão de manter a fé foi clara, ousada e inabalável. Neste capítulo vamos aprender a desenvolver e cultivar a *fé inabalável*, além de vê-la em ação.

O SALTO PARA A *FÉ INABALÁVEL*

A fé é meio ardilosa e difícil de obter porque por definição não exige provas, consequentemente parece intangível e talvez não muito confiável. Quando a maioria das pessoas fala em fé, muitas vezes é no contexto de algo ruim. Nós ouvimos: "Tenha fé que esse evento terrível aconteceu por um motivo" ou "Tenha fé que tudo vai mudar." Esse tipo de fé pode fazer você se sentir melhor por alguns instantes. Às vezes.

Não estou falando desse tipo de fé. Estou me referindo à fé no contexto do que é possível para você, à capacidade de superar qualquer adversidade e produzir milagres tangíveis e mensuráveis que, à primeira vista, parecem intangíveis e não confiáveis. Ter fé exige dar um salto da natureza humana tipicamente cética. Na verdade, a *fé inabalável*, que é cinquenta por cento da Equação do Milagre, não é natural. Ninguém nasce com *fé inabalável*, não é algo inerente e muito menos uma sensação. Pelo contrário, ela deve ser estabelecida de modo consciente em um momento de decisão e depois cultivada e mantida ao longo do tempo. Cada milagre tangível e mensurável começa com um indivíduo acreditando que manifestar aquele milagre é uma possibilidade real. Essa fé se mantém enquanto o *esforço extraordinário* é feito até o milagre virar realidade, não importa quanto tempo demore. Um dos benefícios de manter a *fé inabalável* é superar todo o diálogo interno negativo e obter acesso a uma mentalidade que a maioria das pessoas jamais vivenciou.

128 A EQUAÇÃO DO MILAGRE

Entenda que a *fé inabalável* é a primeira decisão que todos os Mestres dos milagres tomam e mantêm ao longo da vida. Ao tomar essa decisão de modo consciente e repetido, ela se torna a mentalidade através da qual eles veem todos os desafios e oportunidades. Ao descrever a mentalidade de qualquer profissional de alto nível, a *fé inabalável* às vezes recebe outros nomes, como crença extraordinária em si mesmo, confiança suprema ou convicção à prova de balas. Independentemente do nome, você nunca encontrará um *Mestre dos milagres* que não tenha essa mentalidade.

O ANO EM QUE EU QUASE MORRI (DE NOVO)

Não sei por que minha vida foi testada mais de uma vez. Contudo, aprendi que sempre temos o poder de escolher a mentalidade e ficarmos sinceramente agradecidos, felizes e otimistas, mesmo quando tudo estiver desmoronando. Ao fazer essa escolha, somos capazes de manter a sanidade para colocar o nosso mundo de volta nos eixos.

O momento mais recente em que usei a Equação do Milagre foi, sem dúvida, o mais difícil e recompensador. Ela literalmente salvou a minha vida. Em uma noite até então comum de outubro de 2016, acordei sentindo falta de ar. Com dificuldade para respirar, ofeguei alto e acordei minha esposa, Ursula, que perguntou:

— Você está bem? O que houve?

— Não sei. — Ofeguei de novo. — Estou com dificuldade para respirar.

Ela imediatamente pegou alguns travesseiros para mim. Isso me deu alívio suficiente para voltar a dormir. Decidimos que eu procuraria uma clínica de pronto atendimento assim que acordasse, e acabei dormindo sentado com a coluna reta. No dia seguinte, fui à clínica esperando que o médico descobrisse o meu problema. Recebi o diagnóstico de pneumonia e me foi receitado o antibiótico azitromicina, que, segundo o médico, iria ajudar. Não ajudou.

Nas semanas seguintes, a situação piorou muito, a ponto de ir parar no pronto-socorro quase todos os dias para drenar o pulmão esquerdo, que vivia entrando em colapso. E era sempre extremamente doloroso. O processo consistia em enfiar uma agulha larga por trás das costelas para drenar o excesso de fluido. E era muito fluido: naquele período eu tive um total de 11 litros drenados do pulmão, e nada me dava alívio prolongado. Toda vez que o fluido era drenado, acabava voltando. Eu tinha dificuldade para dormir porque não conseguia respirar direito. O hospital me jogava de um especialista para outro, tentando determinar o que fazia o pulmão entrar em colapso frequentemente, mas ninguém tinha respostas. Até eu encontrar o Dr. Berkeley.

O Dr. Berkeley pediu uma série de testes e exames, e eu fiz todos. No dia seguinte, a enfermeira dele me ligou e, com um tom de urgência na voz, disse que o Dr. Berkeley queria me ver o mais rápido possível para falar dos resultados. Finalmente parecia que eu teria alguma resposta. Pulei no carro e fui até o consultório. Enquanto esperava, senti alívio por estar prestes a descobrir o que havia de errado comigo. Eu não conseguia respirar normalmente havia quase duas semanas. O Dr. Berkeley entrou, sentou do outro lado da mesa à minha frente e começou a analisar os exames. O auge dos resultados veio na forma do diagnóstico preliminar:

— Hal, parece que pode ser algum tipo de câncer.

Eu pensei: "Câncer? Não. Isso não pode estar certo. Não para mim."

Alguns anos antes eu tinha visto o documentário *Healing Cancer from Inside Out*. Cheguei a ele após ler livros sobre saúde, como *The China Study* e *Eating Well for Optimum Health*. Como resultado, nos seis anos antes de receber o diagnóstico de câncer, eu tinha o que acreditava ser um estilo de vida "anticâncer". Aos 37 anos, havia mais de uma década eu fazia uma dieta orgânica, baseada em vegetais, com pequenas porções de carne bovina de alta qualidade, sem hormônios e alimentada com grama. Eu me exercitava regularmente e meditava todos os dias. Eu era feliz, mantinha o estresse em um nível mínimo e não bebia muito álcool, além de uma cerveja ocasional. Ursula e eu chegamos ao ponto de retirar todos os produtos tóxicos de casa. Apenas xampus, pastas de dente, desodorantes e produtos de limpeza na-

130 A EQUAÇÃO DO MILAGRE

turais e sem produtos químicos em nossas prateleiras. Você poderia dizer que éramos hippies modernos.

Decidi ouvir uma segunda opinião de outro hospital nas proximidades, seguida por uma terceira no MD Anderson Cancer Center, em Houston, Texas. Lá, os médicos descobriram rapidamente que não só o pulmão esquerdo tinha entrado em colapso como os dois rins e o coração também estavam à beira da insuficiência. Embora eu estivesse lá para determinar se tinha câncer ou não, em pouco tempo me vi em uma maca, enquanto enfermeiros me levavam às pressas para o centro cirúrgico a fim de drenar outra bolsa de fluido, que agora estava em torno do meu coração. O fluido tinha aproximadamente três milímetros de espessura e o médico disse que, se ficasse um pouco mais espesso, o coração pararia de bater. Eu teria um ataque cardíaco, e seria preciso fazer uma cirurgia de coração aberto.

Eu não conseguia acreditar. Estava apavorado. E a situação só piorava.

O médico explicou que, para drenar o fluido, o cirurgião teria que inserir uma grande agulha no meu peito, perfurar o saco de fluido que estava a poucos milímetros do meu coração e fazer todo o possível para evitar que a agulha o atingisse. Eu ficaria totalmente acordado para o procedimento e precisava assinar uma autorização dizendo que, se atingissem o coração por acidente e me causassem um ataque cardíaco, eu não poderia processar o hospital. Beijei Ursula, que estava chorando, e abracei meu pai até dois homens vestindo uniformes verdes me levarem de maca para o centro cirúrgico, que tinha janelas de vidro pelas quais minha família viu o procedimento.

Quinze minutos depois, tinha acabado. Meu coração não foi perfurado e não houve cirurgia de coração aberto, mas o martírio que seria o próximo ano da minha vida estava apenas começando. Ainda precisávamos descobrir o que estava levando meus órgãos à falência. Eu não conseguia entender. Como era possível ir da imagem da saúde a estar à beira da morte em poucos dias?

Os especialistas do MD Anderson logo me diagnosticaram com um tipo de câncer extremamente agressivo chamado de leucemia linfoblástica aguda ou LLA, tão raro que os dois últimos hospitais por onde eu tinha passado não tinham equipamentos para confirmar a doença. A LLA é tão agressiva que a maioria das pessoas morre por não conseguir o diagnóstico certo, como aconteceu comigo na clínica de pronto atendimento. A LLA age com tanta rapidez que boa parte das vítimas só descobre a doença quando já é tarde demais. O prognóstico para sobrevivência de adultos com LLA é de vinte a trinta por cento. Qualquer pessoa do tipo "copo meio vazio" pode dizer que existe uma probabilidade entre setenta e oitenta por cento de morrer. Um dos meus piores pesadelos tinha se tornado realidade: deixar minha esposa viúva e meus filhos sem pai. A situação não parecia boa.

Mais exames no MD Anderson mostraram que o meu câncer tinha uma mutação celular rara conhecida como NUP1. A combinação entre NUP1 e LLA é tão rara que não existe taxa de sobrevivência publicada, mas um médico especializado em leucemia disse que minha chance girava em torno de dez por cento. Quando joguei "leucemia linfoblástica aguda com mutação NUP1" no Google, a primeira menção só aparecia na quarta página. Não havia um médico no planeta que tivesse curado meu tipo de câncer.

Eu amo minha esposa. Meus dois filhos pequenos são os donos do meu coração. Tenho uma Comunidade de *O milagre da Manhã* com integrantes do mundo inteiro para liderar. Eu tinha mais a perder do que nunca. O câncer era de longe o adversário mais assustador e potencialmente devastador que eu já tinha enfrentado. Sem um caminho claro para a cura, o que eu deveria fazer?

A primeira escolha consciente que fiz foi canalizar a invencibilidade emocional, aceitando totalmente que tinha câncer. Sem resistência, sem desejar que isso não tivesse acontecido, pois seria delirante, inútil e apenas perpetuaria a dor emocional. Em vez de resistir à realidade e desejar que ela fosse diferente, escolhi a aceitação incondicional, que me permitiu ficar em paz com o diagnóstico e criar espaço para concentrar todos os pensamentos e a energia no resultado que desejava em vez do resultado que eu temia. O câncer era a minha nova cadeira de rodas, digamos assim. Assim como fiz no acidente de carro, decidi que seria a pessoa mais feliz e grata possível enquanto enfrentava o câncer e o meu futuro desconhecido.

SUBSTITUIR O MEDO PELA FÉ

Enquanto pensava no meu diagnóstico, estava claro que eu não poderia me concentrar na probabilidade estatística de que ia morrer. Eu sabia que isso apenas ativaria a minha resposta ao estresse, o que não seria útil para quem estava tentando se curar. Decidi que o medo não iria consumir aquela jornada contra o câncer. Eu não estava feliz por ter câncer, mas não deixaria o medo ajudar a me matar. Eu teria que fazer algo para aumentar a chance de viver, mudando essa probabilidade de possível para provável e, o mais importante, inevitável.

Eu logo me lembrei da Equação do Milagre, que poderia desafiar a probabilidade e criar resultados extraordinários, segundo várias experiências anteriores. Ela me permitiu dar o primeiro passo quando os médicos disseram que eu nunca mais voltaria a andar. Ela funcionou quando eu tentava bater recordes de vendas e se mostrou eficaz e confiável para cada pessoa que ensinei. Foi a fórmula que funcionou ao longo da história para algumas das pessoas de maior desempenho e mais prolíficas do mundo. Então, meu primeiro passo foi convocar a *fé inabalável* para me livrar do medo.

Veja bem, não cheguei ao extremo de pensar que bastava ficar sentado e manter a fé passivamente para entrar nos trinta por cento de pacientes de LLA que derrotavam a doença e sobreviviam. Buscando transformar aqueles trinta por cento em cem, reconheci o medo e tomei a decisão consciente de manter a *fé inabalável* em que eu teria uma vida longa e saudável, não importava o que acontecesse. Não havia outra opção. Também me comprometi a fazer um *esforço extraordinário* e tudo o que precisasse para me manter vivo. Usei a *fé inabalável* para me concentrar nas possibilidades diante de mim, que incluíam mais do que apenas morrer. Decidi que não ia deixar as estatísticas me limitarem. Eu não só estava comprometido a derrotar esse câncer como estava comprometido a viver até os cem anos. Comecei a me visualizar celebrando o centésimo aniversário com a família, vendo a minha filha (que estava na primeira série na época) aos setenta anos e meu filho (que estava na pré-escola) aos 67. Na minha cabeça, *não havia outra opção*. Descobrir o processo para chegar lá, contudo, não foi assim tão fácil.

Um dos meus principais desafios foi decidir se fazia ou não o tratamento recomendado pelo médico: quimioterapia Hyper-CVAD. Eu sou do tipo que prefere ser o mais natural possível. A ideia de usar fármacos quimioterápicos, venenos altamente tóxicos com o intuito de matar o câncer antes que ele mate a pessoa, violava toda a minha filosofia relacionada à saúde.

Em segundo lugar, o Hyper-CVAD é um dos protocolos quimioterápicos mais intensos que existem. Embora haja vários protocolos e fármacos quimioterápicos, para pacientes de câncer muitos deles envolvem ir a um hospital ou clínica uma ou duas vezes por mês por uma ou duas horas. E a maioria das pessoas adoece por conta dos efeitos colaterais.

Por outro lado, a Hyper-CVAD consiste em duas combinações de quatro a cinco fármacos quimioterápicos (cursos de tratamento A e B) ministrados alternadamente ao longo de um período de quatro a cinco dias, somando mais de 650 horas de tratamento quimioterápico hospitalar. A quimioterapia é tão tóxica que danificaria minhas veias de modo permanente, e precisava ser administrada por um cateter central de inserção periférica (PICC) instalado no braço que injetava os fármacos na minha artéria mais durável. A quimioterapia Hyper-CVAD deve ser ministrada em pequenas doses para minimizar os efeitos colaterais. Alguns desses efeitos colocavam a vida em risco, e a administração de vários fármacos poderia gerar complicações, por isso o tratamento exige a supervisão cuidadosa de profissionais dentro de um hospital. Na verdade, imagine o meu desespero quando soube que um dos vários efeitos relatados para um dos fármacos que eu deveria tomar é leucemia. *O quê?* Esse suposto remédio que seria injetado nas minhas veias para tratar a leucemia linfoblástica aguda *causa* leucemia?

O objetivo era administrar o máximo de ciclos possíveis (ou necessários) no tempo mais curto para tentar matar o câncer antes que ele me matasse. Os médicos disseram que o momento de aplicar cada ciclo dependeria de como o meu corpo se recuperaria do ciclo anterior. Em outras palavras, os danos que o tratamento faria ao meu corpo determinariam quando eu poderia receber outra dose dele.

Se a quimioterapia gera o caos no corpo (e todas fazem isso), esse tipo específico gera o maior caos de todos. As pessoas morrem por causa do

134 A EQUAÇÃO DO MILAGRE

tratamento e não de câncer. É uma loucura pensar que você está tomando um remédio para salvar sua vida, mas ele está matando você durante o processo. A esperança é que o tratamento mate o câncer primeiro e o corpo do paciente seja forte o bastante para sobreviver ao período de matar o câncer antes de morrer.

Você pode imaginar o quanto essa decisão foi desafiadora para mim. O protocolo já ameaçava a minha vida. Será que eu ia morrer por causa do tratamento que deveria salvar minha vida? Além disso, eu acreditava firmemente em não introduzir elementos tóxicos em meu sistema. Era contra todo o meu jeito de ser. Foi impossível não pensar: *tem que haver um jeito melhor.*

Fui encaminhado a um dos principais oncologistas especializados em leucemia do mundo, Dr. Elias Jabbour, do MD Anderson Cancer Center. Na primeira consulta, eu estava me sentindo perdido e assustado junto com minha esposa Ursula. De mãos dadas, expressamos nossas preocupações e perguntamos ao Dr. Jabbour se ele me ajudaria a curar o câncer de modo natural.

A resposta me pegou de surpresa. Ele me disse que, embora compreendesse o meu desejo de buscar a cura natural, a LLA não me daria essa opção. Segundo o Dr. Jabbour, eu não tinha um tumor que crescia lentamente, tanto que estava saudável na semana anterior e agora meus pulmões, coração e rins estavam à beira da falência. Ele garantiu que, se a quimioterapia Hyper--CVAD não fosse administrada logo, eu estaria morto em alguns dias, no máximo em uma semana. Ursula começou a chorar, apertando minha mão com tanta força que cheguei a sentir dor.

Embora eu não tivesse gostado da resposta do oncologista por motivos óbvios, ela também me fez questionar. Eu tinha acabado de conhecê-lo, então não sabia qual era a intenção do médico. *Será que isso era uma tática para assustar?* O cético interior veio à tona. Perguntei se poderíamos ter 24 horas para discutir nossas opções. O Dr. Jabbour concordou, embora relutantemente.

Naquela noite, Ursula e eu recorremos ao Google em busca de alguma clareza. Eu procurava desesperadamente evidências de que seria possível abordar a doença de modo holístico, mas não encontrei. Na verdade, todas as nossas pesquisas confirmavam que o Dr. Jabbour estava sendo totalmente honesto. Se eu não começasse a quimioterapia imediatamente, teria poucas chances de sobreviver. Se eu começasse, minha chance de sobreviver ficava entre dez e trinta por cento.

Como último esforço, acordei na manhã seguinte e telefonei para um dos principais oncologistas holísticos do mundo, que por acaso trabalhava em Houston. Ele tinha curado milhares de pacientes de câncer, incluindo celebridades como Suzanne Somers. Eu estava esperançoso.

Quando eu disse à enfermeira pelo telefone que tinha leucemia linfoblástica aguda com mutação NUP1, ela me colocou na espera para passar o diagnóstico ao médico. Quando ela voltou, um minuto depois, disse que sentia muito, mas eles não tinham experiência tratando esse tipo específico de câncer e não poderiam me ajudar.

Você pode imaginar o que pensei: *Se um dos melhores oncologistas holísticos do mundo não pode me ajudar e todas as minhas leituras dizem que esse câncer vai me matar em alguns dias se eu não começar a quimioterapia Hyper-CVAD, mas um dos efeitos colaterais é que ela pode causar leucemia, o que eu devo fazer?* Não havia respostas claras. Deitados em um quarto de hotel, a 270 quilômetros de casa e dos nossos dois filhos, Ursula e eu tomamos a decisão difícil: eu deveria começar a quimioterapia Hyper-CVAD. Liguei para o consultório do Dr. Jabbour e, uma hora depois, já estava sentado em uma cama do hospital recebendo o acesso PICC.

Embora incontáveis orações estivessem por vir, as primeiras tiveram uma curiosidade sincera: "Deus, eu já morri uma vez. Por que isso está acontecendo? O que mais eu posso ter a aprender com outra adversidade imensa?" Como eu descobriria, *muito*.

A *FÉ INABALÁVEL* ALIMENTA O ESFORÇO EXTRAORDINÁRIO

Nos 12 meses seguintes, passei meu tempo entre três locais: o hospital MD Anderson Cancer Center, um apartamento nas proximidades que aluguei para poder me recuperar após os tratamentos e viagens ocasionais para ver a família em casa. Por falar em família, o meu tratamento foi um verdadeiro

136 A EQUAÇÃO DO MILAGRE

esforço familiar. Meu pai, um executivo de sucesso, fez uma pausa na carreira e largou tudo para morar comigo e ser o meu principal cuidador. Ele me levava às consultas, ficava ao meu lado enquanto eu fazia quimioterapia e corria comigo para o pronto-socorro sempre que minha temperatura subia (infecções podem ser fatais quando você está passando por quimioterapia, porque o sistema imunológico fica comprometido). Minha mãe e minha irmã fizeram várias viagens pelo país e ficaram comigo no hospital ou tomaram conta dos meus filhos para que minha esposa pudesse ficar comigo. Enquanto tudo isso acontecia no hospital e ao redor dele, Ursula, a minha rocha, teve o trabalho mais difícil de todos: ela se dividia entre dirigir até Houston para ficar comigo durante os tratamentos e tentar manter a sensação de normalidade para os nossos filhos em casa, em Austin, a 273 quilômetros de distância. Literalmente da noite para o dia ela deixou de ter a minha presença em casa para ajudar a criar nossos filhos e virou mãe solo, somando a isso o estresse e o medo de me perder. Não existem palavras para expressar a gratidão que sinto pela minha família e por Ursula, acima de tudo.

O que me permitiu não enlouquecer nesse período difícil foi a decisão de manter a *fé inabalável*. O que vai para o espaço em primeiro lugar quando você recebe uma estatística como a que recebi e quando todas as probabilidades estão contra você é a fé. É preciso manter a *fé inabalável* de modo consistente, apesar das estatísticas ou das probabilidades. Tomar essa decisão e mantê-la tira você das estatísticas e coloca na minoria de pessoas que desafiam as probabilidades de modo consistente. Ao contrário do que muitos pensam, manter a fé não se limita a seguir cegamente as crenças e os ensinamentos alheios; significa acreditar em si mesmo e no compromisso de aplicar o *esforço extraordinário* para fazer o que for preciso a fim de gerar o seu resultado ideal.

Foi aí que minhas medidas holísticas entraram em ação. Além de receber o atendimento médico mais avançado do Dr. Jabbour no MD Anderson Carter Center, eu imediatamente comecei uma busca pelos métodos mais eficazes e comprovados de tratamentos holísticos, desintoxicando o corpo (da quimioterapia), fortalecendo o sistema imunológico e criando um ambiente no qual o câncer não seria capaz de progredir. As medidas incluíam

PRIMEIRA DECISÃO   **137**

uma dieta baseada basicamente em vegetais, beber suco de vegetais orgânicos frescos e ingerir cerca de setenta suplementos naturais por dia. Eu também fazia sessões semanais de acupuntura e ozonioterapia, enemas de café, usava um dispositivo de terapia BEMER duas vezes ao dia, tomava óleo de CBD, meditava, rezava, fazia exercícios físicos, recitava afirmações relacionadas ao câncer e muito mais. A minha pesquisa, aliada às práticas holísticas que resultaram dela, se tornaram o meu *Esforço extraordinário*.

Fé inabalável em ação

Há algum tempo, quando estava pensando na ideia deste livro, escrevi na Comunidade de *O milagre da manhã* (grupo do Facebook) perguntando se alguém tinha uma história com a Equação do Milagre que gostaria de compartilhar. Recebi muitas histórias inspiradoras como esta, que me deixou especialmente comovido por ter muitas semelhanças com a minha jornada contra o câncer. Ela mostra que a equação realmente funciona para todos que a aplicarem.

Rachel Harris descobriu a Equação do Milagre quando recebeu o diagnóstico de câncer. Aos 38 anos, o câncer no intestino se espalhou para o fígado e gânglios linfáticos, e os médicos disseram que era inoperável. Ela passou a receber quimioterapia paliativa. Mãe de dois filhos, Rachel não aceitou o prognóstico e se comprometeu a aplicar a Equação do Milagre a sua vida. Segundo ela, "Nós vivemos e respiramos a Equação."

Foi aí que o milagre veio. Apesar do prognóstico terrível dos médicos, após uma rodada de quimioterapia, os tumores diminuíram e subitamente passaram a ser operáveis. Rachel continuou a combinar a *fé inabalável* em uma vida longa e feliz com o *esforço extraordinário*, fazendo alterações

> significativas na dieta, tomando vários suplementos, meditando todas as manhãs, mantendo-se em boa forma física e fazendo o máximo de pesquisas possíveis sobre curar o corpo. Ela também disse: "A Equação do Milagre deu o tom da minha jornada contra o câncer, e sempre viverei de acordo com ela. Acredito que ela pode muito bem ter salvado a minha vida!"

Após enfrentar o ano mais difícil, doloroso e visceral da minha vida, incluindo mais de 650 horas de quimioterapia e muitas noites no pronto-socorro lutando pela sobrevivência, estou mais do que grato ao dizer que recebi um novo diagnóstico há pouco tempo, estou "em remissão do câncer". Isso significa que os médicos não conseguem detectar qualquer sinal de câncer no meu corpo. Sim, eu senti alguns efeitos colaterais dolorosos. Sim, eu tive medo de morrer e deixar minha esposa e filhos. E, sim, houve muitos dias em que duvidei de mim mesmo e fiquei tentado a desistir, mas acredito que consegui enfrentar tudo bem melhor do que a maioria das pessoas porque mantive a *fé inabalável* a cada etapa do caminho. Até os médicos ficaram um pouco chocados com a minha positividade e animação, mesmo na pior parte dos tratamentos.

O mais importante é que eu sobrevivi e agora sou capaz de manter o compromisso de ter uma vida longa e saudável com a minha família.

ONDE ENCONTRAR A *FÉ INABALÁVEL*

É possível dizer que eu tinha uma vantagem em minha experiência mais recente de usar a Equação do Milagre para criar um milagre tangível e mensurável (superar o câncer), pois já havia usado a Equação muitas vezes e tinha visto outras pessoas fazerem o mesmo. Eu entendi como ela funciona e, o mais importante, que ela *funciona*. E assim eu pude continuar a usá-la, além de mobilizar minha *fé inabalável* interior. Se você ainda não chegou lá, não se preocupe. Existem vários lugares onde você pode pegar a *fé inabalável* emprestado.

Se você viu o documentário de *O milagre da manhã*, conhece a história de Rister Ratemo. Quando começou a perder a visão, aos 14 anos, ela manteve a *fé inabalável* em que Deus curaria seus olhos e lhe restauraria a visão. Ela usou essa fé para fazer o *esforço extraordinário* de pegar um avião até o outro lado do mundo, de sua casa no Quênia para uma clínica nos Estados Unidos, a fim de fazer a primeira de seis cirurgias. Um dos motivos para o esforço de Rister ser extraordinário é que ela teve que fazer a viagem sozinha enquanto estava quase cega porque na cultura queniana é considerado tabu receber parte do corpo de outra pessoa, e a operação envolvia um transplante de córnea. Rister encontrou sua fé em Deus e na religião. Se você encontra conforto na religião ou na espiritualidade, elas podem ajudá-lo a manter a *fé inabalável*.

A religião e a espiritualidade são uma fonte de *fé inabalável* externa, mas existem várias outras. Um coach ou mentor costuma ser uma delas. Comparo essa ideia ao filme *Matrix*. Lembra quando o personagem de Laurence Fishburne, Morpheus, fica dizendo ao personagem de Keanu Reeves, Neo, que ele é "o escolhido"? Só depois de acreditar que era realmente o escolhido, Neo teve acesso ao seu potencial. Da mesma forma, apenas quando você acreditar que é tão merecedor, digno e capaz quanto qualquer outra pessoa da Terra terá acesso ao seu potencial ilimitado.

Antes de ter fé em mim mesmo, peguei emprestado do meu primeiro gerente na Cutco, Jesse Levine (o mesmo Jesse que me ensinou a Regra dos cinco minutos). Ele tinha fé na minha capacidade de bater vários recordes de vendas na Cutco Corporation. Desde o primeiro dia, ele acreditava que eu podia conquistar objetivos inéditos.

Primeiro, eu me senti bem ao ouvir as palavras dele, mas não acreditava que Jesse tinha razão. Toda uma vida de inseguranças e dúvidas me fez travar uma batalha interna com o meu potencial ilimitado. "Jesse pensa que sou capaz de tudo, mas ele não sabe que lá no fundo eu morro de medo do fracasso." No fim das contas, graças à *fé inabalável* de Jesse em mim, comecei a pensar que as palavras dele poderiam ser verdadeiras. "Talvez eu realmente

140   A EQUAÇÃO DO MILAGRE

seja capaz de conquistar tudo o que desejar." A fé de Jesse em mim acabou gerando a minha fé em mim mesmo, e nesse momento eu reconheci o poder inerente de criar uma vida extraordinária. Às vezes você precisa pegar a fé de uma pessoa em você até que a sua fé em si mesmo apareça.

Se você estiver preocupado por não ter um mentor à disposição, fique tranquilo, porque também é possível pegar a *fé inabalável* de um total desconhecido. Estou me referindo a alguém que você acompanha de longe, talvez um esportista que acabou de ganhar um campeonato mundial ou um atleta olímpico como Michael Phelps, que ganhou várias medalhas de ouro. Pode ser também um CEO ou milionário por mérito próprio que conquistou resultados que você também deseja. Você pode ler os livros dessas pessoas, acompanhar seu progresso ou ouvir entrevistas com elas para estudar sua mentalidade e ter uma ideia do modo de pensar desses vencedores:

"Visualizei esse momento milhares de vezes."

"Na minha cabeça não havia dúvida de que nós venceríamos."

"Trabalhei demais para não ser o melhor."

Ao fazer isso, você percebe que nos bastidores, quando ninguém está olhando, esses *Mestres dos milagres* estão cultivando a *fé inabalável*. Essa é a mentalidade que os leva a ser campeões. Eles estão sempre dispostos a fazer a próxima jogada, digamos assim, porque têm fé na própria capacidade de conseguir. Se errarem, a fé não se abala, porque eles acreditam que vão acertar na próxima. Essas pessoas nunca fogem das oportunidades, preferem correr na direção delas.

Nunca vou me esquecer do retorno impressionante de Reggie Miller contra os Knicks, quando ele usou a Equação do Milagre para fazer a proeza impressionante de marcar *oito pontos em nove segundos* nas semifinais da Conferência Leste da NBA, em 1995. Isso não parecia possível e certamente não era provável. Nenhum jogador tinha conseguido tal façanha e ninguém a repetiu até hoje. Reggie é outro exemplo de pessoa que manteve a *fé inabalável* e fez um *esforço extraordinário* até o último momento. Ele acreditava que podia desafiar as probabilidades, e foi exatamente o que fez. A *fé inabalável* sempre vai desbloquear o potencial que estava adormecido em você e abrir novas possibilidades que antes pareciam inalcançáveis.

Se você tem dificuldade para encontrar outras pessoas capazes de representar a *fé inabalável*, pense em pegá-la emprestada dos autores dos livros que lê (pode começar por este aqui, obviamente). Eu considero os autores de todos os livros que li como mentores. Mesmo sem estar cara a cara, ainda estou aprendendo com ele ou ela.

Sempre é possível lembrar o velho truísmo universal: se outra pessoa fez algo que você deseja, a conquista dela prova que você também é capaz de fazer isso. Se os profissionais de alto desempenho em todas as áreas escolhem viver com *fé inabalável*, você também pode tomar a mesma decisão de forma consciente. E pode começar agora.

UMA FERRAMENTA PARA MANTER A *FÉ INABALÁVEL*

Uma vez tomada a decisão de ver os objetivos pelas lentes da *fé inabalável*, será preciso mantê-la, o que não é fácil. Mesmo pequenos obstáculos podem tirar você do caminho. Não é preciso enfrentar uma situação de vida ou morte para sentir a esperança desaparecer. A dúvida enfrentada por todos nós aumenta quando encontramos um obstáculo. No meu caso, sempre que passava mal após a quimioterapia eu me sentia fraco e ficava tentado a desistir, mas não fiz isso.

A ferramenta que usei para manter a *fé inabalável* no meu objetivo e em mim é o que chamo de *Mantra milagroso*. Você deve se lembrar de quando eu o apresentei no Capítulo 2: *Estou comprometido a manter a* fé inabalável *na minha capacidade de vender 20 mil dólares durante o período de pico e fazer um* esforço extraordinário *até conseguir, não importa o que aconteça. Não há outra opção.* Essa frase me deu forças para seguir em frente quando ficava tentado a desistir e pode fazer o mesmo por você. O Mantra milagroso é uma frase que resume o compromisso com a sua missão e oferece o seguinte lembrete: manter a *fé inabalável* e fazer um *esforço extraordinário* por um longo período de tempo vai transformar seu milagre em realidade.

142   A EQUAÇÃO DO MILAGRE

Durante o tratamento para o câncer, eu repeti o seguinte Mantra milagroso diversas vezes: *Estou comprometido a manter a fé inabalável na minha capacidade de vencer o câncer e ter uma vida longa e saudável com minha família e vou continuar fazendo um* esforço extraordinário *até conseguir, não importa o que aconteça. Não há outra opção.* Ao repetir isso, fortaleci a determinação para continuar lutando e fazendo um *esforço extraordinário*, especialmente quando sentia vontade de desistir.

Este é o modelo básico para criar o seu Mantra milagroso: *Eu me comprometo a manter a* fé inabalável *na minha capacidade de* _____ *[inserir sua missão] e vou continuar fazendo um* esforço extraordinário *até conseguir, não importa o que aconteça. Não há outra opção.*

Reserve um momento para escrever o seu primeiro Mantra milagroso.

_____

_____

_____

O Mantra milagroso é a sua bússola, estrela-guia e lembrete. Ele mantém o foco no que você se comprometeu a conquistar e supera a voz inflexível da dúvida. Pense nele como um megafone para a integridade, que mantém a sua missão como objetivo principal e serve de lembrete constante: *Eu me comprometo cem por cento, não importa o que aconteça. Não há outra opção.*

Agora que você sabe estabelecer e manter a mentalidade de um Mestre dos milagres, o próximo capítulo vai abordar a segunda metade da Equação do Milagre: o *esforço extraordinário*. Vamos falar do que é necessário para transformar a fé na possibilidade do milagre em realidade tangível.

Capítulo 8

SEGUNDA DECISÃO:
ESFORÇO EXTRAORDINÁRIO

Ele é menos extraordinário do que você imagina

Em toda empreitada humana existem esforços e resultados,
e a intensidade do esforço é a medida do resultado.

— JAMES ALLEN

Não sei quanto a você, mas eu sempre me considerei bem preguiçoso. Na infância e adolescência, a ideia de fazer muito esforço não me agradava, então eu evitava tudo o que envolvia o "trabalho árduo". Eu me lembro vividamente das visitas dos parentes em datas festivas: enquanto todos limpavam a bagunça que tínhamos feito, eu desaparecia e me escondia no meu quarto até acabar a faxina. Se houvesse algo que exigisse um esforço mínimo, eu passava longe.

Não importava o tipo de atividade, da lição de casa a tarefas domésticas, passando pelos meus primeiros empregos durante o ensino fundamental, desenvolvi o hábito de fazer o mínimo de esforço necessário para não sofrer consequências negativas, como ficar de castigo ou ser demitido. Ser preguiçoso virou uma parte profundamente arraigada da minha identidade.

144   A EQUAÇÃO DO MILAGRE

Quando fiquei mais velho, descobri truques e atalhos para deixar minhas tarefas relativamente fáceis, então nunca parecia trabalho árduo. Quando isso não era possível, eu as transformava em jogos, delegava o trabalho para minha irmã ou me distraía fazendo várias tarefas ao mesmo tempo. Às vezes eu tinha disposição suficiente para terminar um projeto maior, mas não mantinha esses breves picos de produtividade por tempo suficiente para me considerar disciplinado. E esse foi o meu maior desafio: eu não conseguia me ver como uma pessoa melhor.

Mesmo quando trabalhava mais de sessenta horas por semana para bater um recorde de vendas (aos 19 anos), acordava todos os dias às 3h30 para escrever *O milagre da manhã* (aos 28) ou corria mais de trinta quilômetros por semana como treinamento para minha primeira (e última) ultramaratona (aos trinta anos), minha autoimagem distorcida ainda era a de um indivíduo preguiçoso que conseguia se enganar para trabalhar arduamente por breves períodos de tempo. Independentemente do que fizesse, eu ainda me via como o mesmo garoto preguiçoso de sempre. Foi o auge do meu *potencial dismórfico*. Após breves picos de atividade, eu voltava ao antigo padrão de fazer o mínimo de esforço necessário para não sofrer consequências negativas, como eu fazia na infância. O único ponto consistente era a minha inconsistência.

Contudo (e surpreendentemente), havia e ainda há um valor tremendo nesses atalhos e truques para se enganar, porque eu aprendi a conquistar resultados significativos e alcançar níveis de sucesso que nunca imaginei, mesmo sendo preguiçoso. Ao longo do tempo, quanto mais eu conseguia me enganar para trabalhar arduamente, ainda que por breves períodos de tempo, mais a minha identidade se transformava de indivíduo preguiçoso em disciplinado. Aos poucos e lentamente, vi melhoras tanto nos resultados quanto na consistência durante essa mudança de identidade.

Como um preguiçoso de carteirinha se transforma em um indivíduo disciplinado e trabalhador que consegue fazer um *esforço extraordinário* de modo consistente para criar milagres? Mudando o *esforço extraordinário* para que ele pareça muito menos extraordinário.

Neste capítulo eu vou simplificar o fazer o *esforço extraordinário*, ensinando você a agir de modo consistente até quando não estiver disposto a colocar a Equação do Milagre em prática e vivenciar milagres em todas as áreas da vida.

SIMPLIFICAR O *ESFORÇO EXTRAORDINÁRIO*

Conforme discutimos anteriormente, o *esforço extraordinário* é a segunda decisão necessária para aplicar a Equação do Milagre. Quando você acreditar que algo não só é possível como possível para você, precisará realizar as ações necessárias para transformar o sucesso em algo inevitável. Criar milagres exige envolvimento ativo e esforço prolongado. É preciso dedicar tempo e esforço para criar resultados significativos, que vão transformar a forma como você se vê. Antes de fechar este livro, contudo, me deixe explicar que fazer um *esforço extraordinário* não significa trabalhar até não poder mais e correr o risco de ter estafa. Na verdade, é o contrário.

O *esforço extraordinário* possui três componentes:

- ✓ Ações que o aproximam dos resultados ideais
- ✓ Ações que muito provavelmente vão tirá-lo da zona de conforto
- ✓ Esforço consistente por um longo período de tempo (independentemente dos resultados)

Isso não parece horrível, parece? Agora vamos analisar esses três componentes separadamente.

As ações que o aproximam dos resultados ideais garantem que você não se esgote perdendo tempo em tarefas e atividades que geram apenas benefícios de curto prazo ou têm impacto mínimo, servindo apenas para mantê-lo ocupado e distraí-lo do que realmente importa. Portanto, é preciso manter

146   A EQUAÇÃO DO MILAGRE

a concentração mental e as ações produtivas. Em vez de desgastar, as ações precisam energizar. Elas devem ser mensuráveis e significativas. Vamos falar mais sobre isso ao longo deste capítulo.

As **ações que muito provavelmente vão tirá-lo da zona de conforto** são o segredo para o crescimento. Você nunca será um *Mestre dos milagres* fazendo o mesmo de sempre. Sair da zona de conforto sempre parece assustador no começo, mas ao longo do tempo será normal, representando um novo patamar de produtividade e esforço.

O **Esforço consistente por um longo período de tempo (independentemente dos resultados)** é a cola que une tudo isso. Você não vai chegar a lugar algum se der apenas alguns passos e desistir. É preciso manter o compromisso por um longo período de tempo para chegar lá. O lado bom é que a consistência deixa tudo mais fácil. Lembra que você precisa sair da zona de conforto? Bom, depois de estar fora dela por algumas semanas, não parecerá mais tão desconfortável assim. À medida que a zona de conforto se expande, as suas possibilidades fazem o mesmo.

David Osborn, que ficou entre os mais vendidos no *New York Times* como um dos autores de *Wait: Avoid the 7 Wealth Traps, Implement the 7 Business Pillars, and Complete a Life Audit Today!* e também coautor de *O milagre da manhã para se tornar um milionário,* costuma dizer que ficar rico é apenas uma escolha. Se fizer a escolha de estudar as pessoas ricas, adotar a mentalidade (fé) e imitar o comportamento delas (esforço) por um longo período de tempo, você verá resultados similares. Claro que é possível substituir "ficar rico" por qualquer resultado importante para você (ser feliz, saudável, ser um ótimo pai ou mãe, e por aí vai).

Se você acredita nisso, e eu acredito que seja verdade para a maioria das pessoas, por que todos não são ricos? Porque criar riqueza extraordinária exige um *esforço extraordinário,* e é mais fácil continuar fazendo o de sempre do que experimentar algo novo. Independentemente de você se considerar trabalhador e disciplinado, a maioria de nós preferiria fazer o mínimo de esforço possível para gerar o resultado que deseja. E tudo bem, desde que você descubra que o esforço é crucial para gerar esse resultado.

Vamos explicar em detalhes como você vai mapear o esforço que vai gerar os resultados desejados e simplificar o *esforço extraordinário*.

Primeira etapa: determinar o processo com antecedência

Quando você tiver definido a missão com o objetivo principal de evoluir para uma versão mais capaz de si mesmo e decidido manter a *fé inabalável* na sua capacidade de cumpri-la, será a hora de determinar o seu processo. Toda meta ou resultado que desejamos conquistar é precedido e criado por um processo, as ações específicas necessárias para gerar os resultados desejados e, no fim das contas, a vida que esses resultados vão criar para nós.

Que tarefas você vai fazer todos os dias antes de tudo? Se não souber, pesquise. Pesquise no Google as etapas para conquistar o tipo de objetivo que você procura ou busque na Amazon os livros mais vendidos na categoria. Encontre um mentor ou outro *Mestre dos milagres*. O primeiro passo do processo pode ser pesquisar e descobrir como ele deve ser. Não há problema algum nisso.

Quando decidi atingir a marca de 200 mil dólares em vendas enquanto trabalhava na Cutco, minha primeira atitude foi ligar para os colegas que já tinham conquistado esse objetivo. Eu tinha uma lista de perguntas sobre os aspectos mentais e emocionais de conquistar um objetivo tão grandioso, além de querer saber o que eles fizeram a cada dia e semana para conseguir. Eu queria entender o processo deles para conquistar esse nível de sucesso.

Depois de ter entrevistado todos eles, percebi que tinham algo em comum: *consistência*. Eles não faziam atividades específicas diferentes das minhas e nem possuíam qualquer talento especial ou truque de vendas. Eles apenas se comprometeram com o processo de fazer um número predeterminado de telefonemas e agendar um número predeterminado de visitas para estar de acordo com seus objetivos de vendas. Todos os representantes

148 A EQUAÇÃO DO MILAGRE

fazem isso. O diferencial dos profissionais que obtêm grandes conquistas é fazer esse número predeterminado de ligações de modo consistente toda semana, sem falta. Enquanto eu trabalhava nos períodos de pico e ganhava o suficiente para tirar um tempo de folga e apreciar os frutos do trabalho, essas pessoas mantinham o ritmo, executando o processo predeterminado todos os dias, não importava o que acontecesse. O ditado "Pessoas de sucesso têm o hábito de fazer sempre o que uma pessoa malsucedida faz apenas uma parte do tempo" subitamente fez sentido.

Após ter descoberto o segredo nada glamoroso do sucesso, bastou seguir os passos deles. Determinei o meu processo calculando quantas visitas eu precisaria agendar para conquistar meu objetivo de vendas, depois traduzi esse número na quantidade de telefonemas necessários para isso. Determinei que, para vender mais de 200 mil dólares em produtos Cutco naquele ano, eu precisaria fazer um mínimo de duzentos telefonemas por semana (quarenta ligações por dia, cinco vezes por semana) para agendar uma média de 14 visitas, que resultariam em uma média de dez vendas e aproximadamente 4 mil dólares por semana.

Quarenta telefonemas por dia não parecia extraordinário. Eu já tinha feito essa quantidade em um dia várias vezes. Nunca tinha feito esse número de telefonemas *de modo consistente*. Na verdade, nos dois anos em que superei a marca de 100 mil dólares, fiz em média vinte ligações por dia, cinco dias por semana. Então, não era difícil entender: dobrar os telefonemas dobraria as vendas e também a minha renda. Eu gastava cerca de duas horas para fazer quarenta ligações de vendas, e o resto do dia era dedicado a comparecer às visitas que eu tinha marcado. Subitamente aquele objetivo que intimidava, apavorava e tinha sido conquistado por menos de cem representantes de vendas nos mais de cinquenta anos de história da empresa parecia quase fácil demais. Esse é o poder de predeterminar o processo e simplificar o *esforço extraordinário*. Muitas vezes nossos objetivos são grandes e assustadores, mas o processo quase nunca é. Veja mais alguns exemplos:

PRIMEIRA DECISÃO   **149**

Perder quilos indesejáveis sempre será precedido por um processo que consiste em fazer exercícios físicos e gerenciar o consumo de calorias (e talvez descobrir quais alimentos funcionam melhor para o seu corpo e quando).

Se você quiser a independência financeira, o único jeito de chegar lá é se comprometer com o processo de ganhar e economizar significativamente mais dinheiro do que o valor necessário para pagar suas contas.

Se você quiser correr uma maratona, superar os 42 quilômetros deve ser precedido por um processo de treinamento, em geral correndo uma quantidade específica de quilômetros por dia ou por semana antes da maratona.

Se você quiser publicar um livro, precisará se comprometer com um processo de escrever de modo consistente. Para terminar este livro, eu me comprometi a escrever mil palavras por dia, todos os dias, independentemente de estar com vontade ou não (e, acredite, nem sempre estou com vontade).

Como você pode ver, o processo não precisa ser um plano intrincado e complicado: quanto mais simples, melhor. Você só precisa decidir qual será o processo que o ajudará a conquistar sua missão, comprometer-se com ele e colocá-lo na agenda. É isso: nada mais e nada menos. Assim que terminar as tarefas predeterminadas para o dia, as que vão deixar o cumprimento da sua missão inevitável, você estará livre para seguir em frente e progredir em outros objetivos.

Para determinar o processo, basta se perguntar: *Que atividades feitas de modo consistente transformarão o sucesso em algo inevitável?*

150 A EQUAÇÃO DO MILAGRE

Segunda etapa: livrar-se do apego emocional aos resultados

Em relação ao seu processo, a única certeza é que haverá dias ruins. Pode até haver semanas ruins, mas saber que elas são inevitáveis não as deixa mais agradáveis. O ser humano é uma criatura emocional, e por isso nos apegamos emocionalmente aos resultados, mas o apego prejudica a capacidade de nos mantermos comprometido com o processo que vai nos levar à conquista desses resultados. Para a maioria das pessoas, não conquistar o que se dispôs a fazer é frustrante, exaustivo e desanimador. Contudo, não precisa ser assim. Quando você se compromete com o processo e se livra do apego emocional aos resultados no dia a dia, os resultados a longo prazo inevitavelmente vão aparecer sem que você precise se frustrar pelo caminho.

Veja alguns exemplos de como isso acontece na vida real:

1. Tenho um amigo cujo objetivo era perder peso. Ele definiu seu processo com base em limitar o consumo calórico, ter uma dieta baseada em vegetais e fazer exercícios físicos regularmente. Um dia ele me ligou e disse: "Hal, estou tentando fazer a estratégia do processo predeterminado. Nas últimas três semanas eu me exercitei trinta minutos por dia, quatro vezes por semana, mas não perdi peso algum. Na verdade ganhei meio quilo, e não sei por quê. Estou desmotivado." Recomendei que ele verificasse o percentual de gordura corporal, pois havia uma boa probabilidade de o meu amigo ter ganhado massa muscular, o que equilibraria a perda de peso. E foi exatamente o que aconteceu. Após três meses, o percentual de gordura dele caiu de 24 para 14 por cento. Por isso ele continuou comprometido com o processo todos os dias. Se tivesse desistido quando não viu a balança responder como esperava, ele não estaria tão saudável e em forma como hoje.

2. Eu também tive um cliente há alguns anos que gerenciava uma das maiores equipes de vendas do país em sua empresa. Ele era um superrastro, que estava acostumado a obter resultados excelentes. Quando trabalhamos juntos, o objetivo dele era liderar a equipe para vender

1,3 milhão de dólares naquele ano. A ligação de coaching que mais se destacou para mim foi quando ele estava triste e assustado porque as vendas da equipe caíram nas semanas anteriores a nossa chamada. Ele sempre voltava ao plano de negócios anual, mais especificamente às projeções de vendas semanais que tinha feito no começo do ano. Ele tinha dificuldade para entender por que os resultados dos representantes de vendas não estavam de acordo com suas projeções, apesar de fazer tudo o que deveria.

Mencionei que o apego emocional dele aos resultados diários e de curto prazo da equipe poderiam enfraquecer o comprometimento com o processo, pois não era possível controlar os resultados diários dos representantes de vendas, pelo menos não diretamente. Claro que ele podia *influenciar* os resultados, mas não *controlá-los*. Ele não podia controlar quantas pessoas atendiam o telefone quando os vendedores ligavam ou o humor dos clientes potenciais quando falavam com os representantes. Também era impossível controlar quem tinha agendado uma visita com integrantes da equipe de vendas ou quem tinha aparecido nas visitas agendadas. Não era possível controlar quem comprava dos representantes, recomendava outros clientes, e por aí vai. Apesar disso, as emoções dele estavam apegadas a todos esses resultados. Quando o cliente percebeu que bastava garantir que os representantes de vendas fizessem os telefonemas, a única parte que ele poderia controlar, todo o trabalho mudou. Ele não permitiu mais que seu humor e motivação fossem influenciados pelos resultados de curto prazo. Quando ele tomou essa decisão, abriu mão de se preocupar com as vendas diárias e até de saber se eles conquistaram ou não a meta de vendas semanais. Ele aceitava o resultado antes que ele viesse (lembra da conversa do "Não posso mudar isso"?) Ele manteve o foco na visão mais ampla e teve fé que, se continuasse a aplicar seu processo, garantindo que os representantes fizessem as ligações de vendas diárias por um período longo de tempo, os resultados sempre viriam. Eu realmente senti o estresse sumir durante a ligação, quando ele percebeu que precisava se concentrar apenas no processo.

152   A EQUAÇÃO DO MILAGRE

3. Vou dar outro exemplo pessoal. Quando *O milagre da manhã* foi publicado, eu tinha os recursos de pessoa comum para promover o livro. Eu não tinha uma plataforma ou grande lista de e-mails nem conhecia quem tivesse. Então pensei qual seria a melhor forma de promover o meu livro. Após falar com vários autores e pesquisar na internet, decidi que a estratégia fundamental que colocaria em prática era ser entrevistado em podcasts. Imaginei que o tipo de pessoa que ouve podcasts investe no desenvolvimento pessoal. Também é uma estratégia muito eficaz em termos financeiros, visto que ser entrevistado em podcasts custa apenas o seu tempo.

Desde então, fiz mais de trezentas entrevistas em podcasts e produzi mais de duzentas nos episódios do meu podcast *Achieve Your Goals*. Foi necessário um ano e meio de entrevistas para repetir o que eu tinha vendido no primeiro mês após o lançamento do livro. O gráfico abaixo mostra o valor de manter o compromisso com o processo *por um longo período de tempo*, independentemente dos resultados de curto prazo. Foram 18 meses nos quais havia poucas vendas em proporção à quantidade de tempo e esforço que eu estava investindo ao ser entrevistado em podcasts. Como você pode ver no gráfico, não vendi muitos livros entre dezembro de 2012 e junho de 2014, o que significa que meu esforço não rendeu dividendos a curto prazo. Se tivesse me apegado emocionalmente aos resultados iniciais, eu nunca teria conseguido. Contudo, eu acreditava no livro e sabia que ele mudaria a vida das pessoas, então continuei fiel ao processo e concentrado na visão mais ampla. No fim das contas, o compromisso com o processo deu certo. Hoje, O *milagre da manhã* já passou de um milhão de cópias vendidas, metade nos Estados Unidos e a outra metade em mais de cem países pelo mundo, provando que, embora conquistar objetivos significativos possa levar mais tempo do que gostaríamos ou esperávamos, quando mantemos a *fé inabalável* e continuamos a fazer um *esforço extraordinário* por um grande período de tempo, podemos criar milagres.

SEGUNDA DECISÃO 153

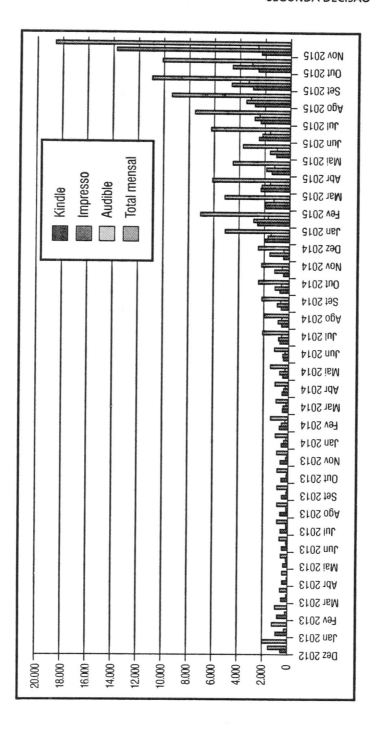

154 A EQUAÇÃO DO MILAGRE

Terceira etapa: agendar o processo

Todos nós sabemos como é comprar roupas de ginástica novas ou vários livros sobre um assunto que você tem interesse em aprender e depois vê--los largados no canto da sala, sem uso. Ficamos ocupados, os filhos ficam doentes, um cliente manda mais trabalho, a vida acontece.

Um jeito de garantir a fidelidade ao processo é agendá-lo, de preferência como compromisso recorrente. Você precisa ser proativo em relação aos seus dias na forma de gastar o tempo ou nada vai mudar.

Pegue sua agenda física ou digital e escreva ou digite quando você vai terminar o processo a cada dia e o que envolve o processo em termos específicos. Se estiver fazendo uma pós-graduação, pode se comprometer com a quantidade de matérias que cursará por semestre, além de reservar tempo para estudar e fazer os trabalhos. Se você usa uma agenda digital (o que eu recomendo fortemente), crie um compromisso recorrente. Depois, basta cumpri-lo. Se você quiser passar mais tempo com seus filhos, reserve um horário na sua agenda. Se o seu objetivo for ter mais tempo livre para você, agende isso também. E o mais importante: não deixe nada interferir nesse compromisso. Proteja o tempo que você precisa para terminar o processo e cumprir sua missão acima de tudo. Assim você garante que a missão passe de possível a provável e depois ao desejo de todos nós: que a conquista da missão seja inevitável.

Sei que isso pode parecer um pouco exagerado, como se eu estivesse segurando demais a sua mão, mas descobri que, se algo não é importante o suficiente para entrar em sua agenda, existe uma grande chance de não acontecer. Pelo menos não de modo consistente.

Se você ficar sobrecarregado ao acrescentar outra atividade a uma agenda que já está cheia, avalie os seus compromissos para o resto do dia. Veja onde é possível ser mais eficiente ou substitua atividades de baixa prioridade pelas que são cruciais para a missão e vão levá-lo aos resultados desejados. Talvez você possa arranjar alguém que resolva pendências ou usar um dos vários serviços de entrega a preços acessíveis (a maioria deles está disponível como aplicativo de celular nos EUA), como Instacart, a Amazon Prime Now ou um dos vários serviços de entrega de alimentos, como Uber Eats, Favor, GrubHub e DoorDash. Eu uso todos esses serviços (e outros tantos) para dedicar meu tempo ao que é mais importante: minha missão e outros objetivos. Você também pode deixar de ver televisão por uma hora para brincar com seus filhos ou acordar uma hora mais cedo a fim de trabalhar para abrir sua empresa. É mais fácil chegar aonde você deseja quando existe clareza sobre o que fazer e quando realizar essas ações, especialmente quando elas estão escritas em sua agenda.

Quarta etapa: garantir o sucesso por meio da responsabilização

Você se conhece melhor do que ninguém, então do que vai precisar para se comprometer com o processo (e manter esse compromisso)? Você é uma pessoa autossuficiente e vai até o fim quando se compromete com algo, independentemente de ter alguém para responsabilizá-lo? Se for o caso, você poderá colocar a Equação do Milagre em prática sem ajuda. Por outro lado, muita gente fica empolgada no começo e desanima lá pelo meio.

Não é fácil manter um compromisso pela quantidade de tempo necessária para produzir um resultado significativo. Se fosse, todo mundo conseguiria e não haveria necessidade deste livro, mas a disciplina não é comum. Se todos nós conseguíssemos fazer isso, todos conquistariam seus objetivos o tempo todo. Eu sei que já conversamos sobre o assunto no Capítulo 6, mas vale a pena repetir: uma das melhores formas de garantir que você vá até o fim é arranjar um parceiro de responsabilização, que vai manter você na linha e evitar a desistência.

O ato de ser responsável por algo, alguém, alguma ação ou resultado pode acontecer de várias formas. Algumas pessoas funcionam melhor com um prazo, outras preferem evitar consequências negativas e há quem trabalhe bem com recompensas. É importante descobrir o que motiva você e colocar isso em prática. Muitas vezes pedir que outra pessoa responsabilize você pelo seu progresso é crucial e fornecer responsabilização mútua é melhor ainda.

Pedir ajuda para conquistar um objetivo não é fraqueza, nem significa ineficácia. Isso faz de você uma pessoa inteligente. Todos os CEOs da *Fortune 500* são ajudados por uma quantidade extraordinária de responsabilização. Eles precisam responder a acionistas, funcionários, ao conselho diretor da

156 A EQUAÇÃO DO MILAGRE

empresa e frequentemente a um coach executivo. Pedir a outra pessoa (ou grupo de pessoas) para responsabilizar você ancora o seu compromisso. Pense bem: não é mais fácil ir à academia quando tem um personal trainer esperando por você? E não é mais fácil enfrentar uma longa corrida quando um amigo está ao seu lado? Seja qual for o seu objetivo, você pode encontrar um parceiro de responsabilização, pedir a um mentor que pergunte sobre o seu progresso, construir a sua equipe de responsabilização (não há jeito melhor de se responsabilizar por algo do que liderando outras pessoas a fazer o mesmo) ou contratar um *coach* para ajudá-lo a chegar lá. Lembre-se, contudo, de que, para obter o máximo da sua fonte de responsabilização, a outra pessoa ou grupo precisa ser rígida, consistente e se preocupar com você e o seu sucesso.

Quinta etapa: avaliar os resultados e ajustar o processo

Ao seguir com o processo, é importante prestar atenção aos resultados. Se em dois meses o ponteiro da balança não desceu, talvez seja preciso avaliar sua dieta ou regime de exercícios físicos. Se você não atingiu o objetivo de vendas, um aumento na prospecção ou atividades de marketing pode ser necessário. Se você não escreveu uma linha do seu livro, volte à agenda e veja se pode mudar o horário dedicado à escrita.

Recomendo agendar reuniões semanais ou mensais consigo mesmo para verificar o progresso e ver se o processo precisa de ajustes com base nos resultados até ali. O objetivo é sempre deixar o processo o mais claro e simples possível para que você consiga mantê-lo. Se houver algum obstáculo, essas verificações são ótimas para fazer mudanças.

VOCÊ CONQUISTOU O SEU MILAGRE. E AGORA?

Lembre-se: a Equação do Milagre não tem a ver com conquistar um milagre e voltar à vida anterior. Queremos entrar no grupo dos *Mestres dos milagres*, que criam milagres tangíveis e mensuráveis repetidamente em todas as áreas da vida. Para fazer isso, é crucial que você continue a elevar e evoluir seus objetivos à medida que vai acumulando sucessos.

Extraia e internalize as lições aprendidas pelo caminho e use-as como combustível para a próxima missão. Conforme mencionei anteriormente, defini a missão de passar mais tempo com a família. Quando isso estava no piloto automático, estabeleci a missão de ficar livre do câncer pelo resto da vida. Quando isso passou a ficar no piloto automático, voltei minha atenção para a missão de escrever este livro. Cada missão com a qual você se compromete vai desenvolver mais a sua capacidade como *Mestre dos milagres*, e nenhum milagre será inalcançável para você.

O processo em ação

Meu artista favorito é um homem chamado Jeremy Reisig, também conhecido como "brotha James". Ele é um músico de talento singular que traz muita positividade ao mundo com suas canções. Ele cria músicas que fazem você se sentir bem. Na verdade, ele é o único músico que conheço capaz de unir afirmações positivas e melodias alegres de modo que todo verso programe o subconsciente para ter mais felicidade e sucesso.

No início de sua carreira musical, Jeremy fazia turnê com uma banda funk. Ele tocava vários instrumentos e fazia rap, mas também queria fazer os vocais de apoio. Os outros integrantes da banda tinham recusado várias vezes, dizendo que a voz dele não era boa o bastante.

Em 2013, após quatro anos com a banda, ele decidiu aprender a cantar e se tornar compositor. Ele tinha o sonho de ser vocalista de uma banda. Jeremy convidou algumas pessoas para o projeto, mas elas também não gostavam da voz dele. Foi um baque.

158 A EQUAÇÃO DO MILAGRE

Com o compromisso inabalável de transformar o sonho em realidade, ele começou a fazer aulas de canto com dois professores, além de praticar quase todos os dias entre 15 e trinta minutos e manter a fé na capacidade de alcançaria o objetivo. Tenha em mente que o *esforço extraordinário* dele era apenas praticar de 15 a trinta minutos por dia. Isso parece bem simples. O extraordinário era o compromisso e a consistência por um longo período de tempo até conseguir o primeiro show, em março de 2014. E os esforços deram resultado quando ele finalmente conseguiu o primeiro show pago em meados de 2015.

Hoje, brotha James viaja pelo país vivendo o sonho de ser músico e inspirar pessoas. Ele continua fazendo aulas de canto e mantém o compromisso de praticar entre 15 e trinta minutos cinco dias por semana. Em suas palavras, "O micro, quando feito repetidamente, cria o macro." Esse compromisso com o processo ainda rende frutos. A voz de Jeremy passou de ruim para boa até virar excelente, visto que ele costuma ser comparado ao cantor de sucesso Jason Mraz. Jeremy continua se aperfeiçoando e levando sua música para cada vez mais pessoas. No ano passado, brotha James fez mais de 150 eventos musicais. Ele é o exemplo perfeito de que se comprometer com um processo ao longo do tempo faz do sucesso algo inevitável.

COMO SE OBRIGAR A FAZER O QUE É NECESSÁRIO (MESMO SEM VONTADE)

Uma pergunta muito comum feita por leitores e clientes é: "Como encontrar motivação para fazer o que é necessário?" O tom subjacente costuma ser de frustração ou impotência.

Desde a infância, fazer o que é necessário nunca foi fácil. Por mais que saibamos que comer mais legumes e verduras vai nos manter saudáveis, gastar menos do que ganhamos é prudente e reservar tempo no dia para desacelerar e descansar a mente vai diminuir o estresse, muitas vezes batemos o pé ou apenas desconsideramos isso. Quando se trata de buscar um objetivo significativo, também precisamos encontrar um jeito de fazer apenas o que gostamos, ou seja, não fazer muito.

A procrastinação se transforma em um modo de vida, no qual habitualmente adiamos as tarefas desconfortáveis, menos importantes ou desconhecidas, justamente as que são necessárias para conquistar nossos objetivos. Então, como podemos nos obrigar a fazer o necessário, mesmo sem vontade? Entendendo a causa fundamental da procrastinação e agindo para superá-la. Tenho certeza de que você pode alegar todo tipo de motivo para procrastinar, mas na verdade existe apenas um: *Você associa algum tipo de dor, medo ou desconforto à atividade que está procrastinando.* É isso.

Para superar a procrastinação, entenda que dor, medo e desconforto são imaginários. Está tudo na sua cabeça. E tudo isso fica irrelevante ao fazer o que considera doloroso, assustador ou desconfortável. Claro que pensar em realizar essas atividades assusta. Quanto mais você pensa, mais procrastina. Agora, fazer o que você sabe que é necessário? É libertador. Você se livra do medo, quase nunca é tão doloroso quanto imaginou e em pouco tempo o que era considerado desconfortável passa a fazer parte da sua zona de conforto.

Para encontrar a motivação e fazer o que você habitualmente procrastina, é preciso *se mexer*. É fundamental dar o primeiro passo, e esse movimento vai gerar a motivação necessária para seguir em frente, mas este primeiro passo depende de você.

Se você procrastina a ida à academia, prepare a bolsa de ginástica e entre no carro no horário marcado para se exercitar. Não pense, apenas entre no carro. Ao dar esse primeiro e pequeno passo, há uma grande probabilidade de ir à academia (que você está pagando há meses). E, quando você colocar o carro na primeira vaga disponível no estacionamento, aposto que estará motivado a pegar a bolsa de ginástica no banco do carona e entrar, pelo menos mais do que quando estava em casa, sentado no sofá e pensando em

160 A EQUAÇÃO DO MILAGRE

ir à academia. Quando você entrar, ouvir a música animada tocando alto e olhar para todas as pessoas fazendo musculação e correndo em esteiras, ouso dizer que você vai se juntar a elas. E, quando fizer isso, vai sentir orgulho de si mesmo. Você vai perceber que a escolha de procrastinar é exatamente isso: uma escolha. E você não precisa mais se contentar com ela agora que tem clareza em relação à causa da procrastinação.

Superar a procrastinação significa dar o primeiro passo e fazer o necessário para conquistar seus objetivos. Quando você começa a se mexer, derrota a procrastinação. Depois, basta continuar no caminho certo. Faça o processo predeterminado todos os dias e, quando se der conta, nem vai lembrar que costumava adiar suas tarefas.

Viu? Eu disse que o *esforço extraordinário* não era tão extraordinário assim. Você só precisa de um processo simples e fácil de ser repetido para colocar na agenda, uma boa dose de desapego emocional (ficando em paz com os resultados diários, independentemente de quais sejam), um pouco de responsabilização na forma de um parceiro e alguns ajustes pelo caminho. O processo pode ser simples (ou complexo), depende da necessidade. Lembre-se do quanto brotha James foi longe com a voz fazendo apenas 15 a trinta minutos de prática por dia. Consegui a primeira renda anual de seis dígitos fazendo quarenta telefonemas por dia, o que levava apenas duas horas. Você não acredita em mim agora, mas logo vai ficar ansioso para se envolver no seu processo diário. Aquele objetivo imenso e assustador fica até divertido de enfrentar quando você sabe abordá-lo.

Agora que você conhece as etapas para aplicar a Equação do Milagre, o próximo capítulo vai mergulhar na repetição desse processo para produzir milagres em todos os aspectos da sua vida de modo consistente.

Capítulo 9

COMO MANTER OS MILAGRES

E criar resultados extraordinários de modo consistente

"Os milagres só acontecem se você acredita neles."

— PAULO COELHO

É fácil se empolgar com a capacidade de criar milagres tangíveis e mensuráveis. Quem não se empolgaria ao receber a chave para a vida dos seus sonhos? Talvez você queira segurança ou independência financeira, esteja pronto para ter um relacionamento especial ou consertar aquele em que já está. Talvez você esteja em busca de um trabalho que traga realização, queira ser mais saudável, ficar em forma e ter mais disposição. Ou talvez você só queira ser feliz. Dito isso, empolgar-se com a possibilidade de melhorar a vida é bem diferente de transformá-la em algo inevitável.

Se o objetivo final é desenvolver as características de um *Mestre dos milagres* para manter a capacidade de criar milagres à vontade, você precisa pensar e agir como um *Mestre dos milagres na maior parte do tempo*.

Para isso, é necessário substituir o pensamento que se baseia no medo pelo que se baseia na fé. É preciso estar disposto a abrir mão de quaisquer limitações com origem no passado e se ver como uma pessoa tão digna, merecedora e capaz de criar tudo o que deseja quanto qualquer outra pessoa da Terra. Sei que já mencionamos essa ideia algumas vezes, mas agora vou ajudá-lo a fazer isso em nível intelectual *e* emocional, para ver e sentir essa versão nova e aperfeiçoada de si mesmo. Assim, vai ficar muito mais fácil se transformar na pessoa que você se comprometeu a ser e viver o futuro que se comprometeu a criar.

Earl Nightingale, conhecido pelos áudios e livros inspiradores, disse: "Nós nos transformamos naquilo em que pensamos." Buda disse: "Somos o que pensamos. Tudo o que somos vem dos nossos pensamentos. Com os pensamentos, nós criamos o mundo." E eu venho lembrando a você que a mentalidade é a verdadeira responsável por moldar a nossa identidade e realidade, mas quanto tempo você investe para criar a sua mentalidade de modo estratégico? Neste capítulo vamos aprender a reprogramar a mente com os pensamentos e comportamentos que vão manter você no modo *Mestre dos milagres*. Felizmente, existe uma prática que funciona perfeitamente para isso.

A PRÁTICA NECESSÁRIA PARA APLICAR A EQUAÇÃO DO MILAGRE

No livro *O milagre da manhã* apresentei uma estrutura chamada *Salvadores de vida*: as seis práticas de desenvolvimento pessoal mais atemporais, universalmente aplicáveis e cientificamente comprovadas do mundo (e eu não as inventei): silêncio, afirmações, visualização, exercícios, leitura e escrita. Sugiro que elas sejam feitas diariamente, de preferência logo ao acordar, para otimizar a mentalidade e manter o foco pelo resto do dia.

Embora todas as seis práticas sejam transformadoras em si, frequentemente me perguntam em entrevistas se eu tenho um "favorito" entre os *Salvadores*. Imagino que a resposta politicamente correta seria algo do tipo "Claro que não, todos têm a mesma importância." Contudo, cá entre nós, sempre vou escolher a transparência em vez do politicamente correto (o que muitas vezes me causa problemas).

Então, sim, eu tenho um favorito que considero mais eficaz com base na minha experiência. A prática para o desenvolvimento pessoal e transformação de que mais gosto são inequivocamente as afirmações, mas (e este é um grande *mas*) não do jeito que você imagina.

As afirmações costumam ter má fama. São consideradas ineficazes e até bregas. Elas acabam entrando na mesma categoria do quadro de visualização. Se você apenas pregar fotos na parede e ficar sentado esperando a realidade mudar em um passe de mágica, isso provavelmente não vai acontecer. Da mesma forma, você não pode repetir uma frase até se tornar uma pessoa melhor. Bom, até pode, mas não do jeito que muitos gurus da autoajuda desejam que você acredite.

Quando era mais jovem, eu fazia parte da multidão que considerava as afirmações bregas e ineficazes. Eu as considerava frases feitas, sem base na realidade, que apenas faziam as pessoas se sentirem bem por um momento. Pessoas como eu, orientadas a resultados e com a saúde mental em dia, não se dão ao trabalho de repetir frases para se sentir bem e disfarçar as próprias inseguranças. Eu não acreditava que elas dariam resultado.

Por volta dos vinte anos, comecei a estudar o desenvolvimento pessoal e fui reapresentado às afirmações como ferramenta legítima de transformação. A promessa era mudar a minha vida apenas dizendo certas frases repetidamente até acreditar nelas. Para quem cresceu se achando preguiçoso e agindo dessa forma, isso era totalmente a minha praia. *Não preciso me esforçar muito.* Topei na mesma hora.

Só que não era bem assim. Em pouco tempo cheguei ao mesmo obstáculo que a maioria das pessoas: nada acontecia quando eu usava o formato de afirmações mais ensinado pelos pioneiros da autoajuda. Aquela vida excelente da qual eu ficava falando não vinha. Repetir "Sou milionário" várias vezes não colocou um centavo sequer na minha conta bancária. Na verdade, usar frases do tipo "Eu sou" para afirmar algo que eu não era parecia falso.

Até que um dia eu tive uma epifania. Percebi que a falha não estava nas afirmações em si. Elas eram apenas incompreendidas, mal ensinadas e mal utilizadas. Acabei reduzindo as falhas a duas, que me permitiram mudar completamente a abordagem e criar afirmações práticas e úteis que produziam resultados tangíveis e mensuráveis de modo consistente.

Nas páginas a seguir vou fornecer a fórmula passo a passo para criar afirmações de *O milagre da manhã* com base na verdade e pensadas estrategicamente para acelerar a aplicação da Equação do Milagre. Antes de chegar lá, vamos reservar um momento para explorar essas duas falhas e os problemas criados por elas.

164   A EQUAÇÃO DO MILAGRE

1. Frases que não são autênticas fazem você se sentir falso

Todos nós queremos melhorar alguma área da vida ou a vida como um todo. Queremos dinheiro, amor, um corpo saudável e talvez um dia de 25 horas. Podemos obter (quase) tudo isso com *fé inabalável* e *esforço extraordinário*. Contudo, não podemos obtê-los mentindo para nós mesmos. E é assim que muitos pioneiros da autoajuda nos ensinaram a criar afirmações.

Todos nós aprendemos a repetir frases como:

Sou bem-sucedido.

Sou um ímã de dinheiro.

Tenho um corpo perfeito.

Estou em um relacionamento sério e carinhoso.

Lá no fundo, você sabe quando essas frases não são verdadeiras e ao repeti-las está mentindo para si mesmo. O subconsciente resiste a essas mentiras, levando a um conflito interno adicional (como se precisássemos de mais um) e talvez deixando você emocionalmente pior do que antes. Na verdade, um estudo publicado em 2009 na *Psychological Science* revelou que pessoas com baixa autoestima se sentem piores após repetir uma frase como "Sou uma pessoa digna de receber amor."* Pense nisso: se você acredita que *não* é uma pessoa digna de receber amor (independentemente de ser verdade ou não), repetir essa afirmação várias vezes vai apenas acrescentar "mentiroso(a)" a uma autoimagem que já é negativa.

Esse tipo de afirmação tem o potencial de destruir ainda mais a sua autoconfiança, o que prejudica o progresso na direção de sua nova identidade como Mestre dos milagres. Embora afirmações vazias possam aliviar o estresse e a ansiedade naquele momento, elas impedem você de conquistar o que realmente deseja. A verdade (a sua verdade) sempre prevalecerá.

---

* Joanne V. Wood, W. Q. Elaine Perunovic e John W. Lee, "Positive Self Statements: Power for Some, Peril for Others", *Psychological Science* 20, n. 7 (2009): 860-66, https://doi.org/10.1111/j.1467-9280.2009.02370.x.

2. A linguagem passiva o impede de agir

Um dos maiores obstáculos enfrentados pelas pessoas quando desejam melhorar a vida é *O que devo fazer primeiro/depois?* Elas ficam paralisadas porque não conseguem descobrir a sequência de passos a fazer, acabam empacando e desistem. Não percebem que é preciso agir. Como o quadro de visualização mágico pendurado na parede, elas pensam que é possível atrair o que desejam sem precisar fazer nada.

O dinheiro vai fluir para você de modo simples. O amor da sua vida vai bater a sua porta. Não seria ótimo? Todos nós seríamos capazes de criar milagres no conforto de nossas poltronas retráteis. Adorei! Mas não é assim que a vida funciona. O dinheiro não dá em árvores, e não sei quanto a você, mas, se alguma pessoa desconhecida rondasse a minha porta, eu chamaria a polícia (depois de ter certeza de que não era uma entrega da Amazon, é claro). Esse tipo de afirmação também é mentiroso. É preciso fazer algo bem específico para conquistar nossos objetivos. Lembre-se: cada resultado que você deseja na vida é precedido por um processo. Você precisa definir e aplicar esse processo. Quando você afirmar isso, vai chegar a algum lugar.

Antes de entrar na próxima seção e aprender a construir uma afirmação eficaz, veja algumas das minhas frases favoritas que articulam e reforçam os benefícios das afirmações.

> "É a repetição de afirmações que leva à crença. E, quando a crença vira convicção profunda, tudo começa a acontecer."
>
> — MUHAMMAD ALI

> "Qualquer pensamento enviado ao subconsciente com frequência e de modo convincente acabará sendo aceito."
>
> — ROBERT COLLIER,
> AUTOR E EDITOR DE AUTOAJUDA

166 A EQUAÇÃO DO MILAGRE

"As afirmações vão além da realidade presente e criam o futuro por meio das palavras que você usa agora."

— LOUISE L. HAY,
ESCRITORA, EDITORA E FUNDADORA DA HAY HOUSE

"Você precisa vencer dentro de sua cabeça antes de vencer na vida."

— JOHN ADDISON,
PALESTRANTE E ESCRITOR
ESPECIALIZADO EM LIDERANÇA

CINCO ETAPAS SIMPLES PARA CRIAR E APLICAR AS *AFIRMAÇÕES* DE *O MILAGRE DA MANHÃ*

Como você já sabe, é importante que as afirmações tenham base na verdade e digam claramente as ações específicas necessárias para conquistar o milagre que você está pronto para criar. Se você está ajustando o cérebro para uma nova realidade, precisa ajustá-lo para o que vai fazer nessa nova realidade.

Afirmações em ação

A integrante da Comunidade de *O milagre da manhã* no Facebook Miranda Mart é um ótimo exemplo de como as afirmações podem mudar sua vida.

Miranda foi apresentada ao livro *O milagre da manhã* há três anos. Ela tinha acabado de se divorciar, criava dois filhos pequenos sem ajuda, tinha começado uma nova carreira

> baseada em comissões e queria abrir uma empresa em uma área na qual não tinha experiência. Miranda estava deprimida, com ansiedade social e tinha mais de 150 mil dólares em dívidas. A vida parecia um obstáculo insuportável após o outro.
>
> Ela transformou a rotina de *O milagre da manhã* em prioridade máxima, relia o livro a cada três meses, fazia afirmações, visualizações e escrevia todos os dias. Miranda separava suas afirmações em três categorias e via que, quanto maior sua habilidade em usar as afirmações, melhor ela conseguia lidar com seus pensamentos. Os demônios não a controlavam mais.
>
> Com a prática diária, ela acabou sendo a principal vendedora da empresa, entre mais de mil colegas, e abriu o próprio empreendimento. E não foi só isso: Miranda continuou com as afirmações e expandiu seus negócios, criando seis agências subordinadas a ela, quadruplicando a renda e chegando ao maior nível de contrato em sua empresa. Ela dá o crédito a *O milagre da manhã*, mais especificamente às afirmações, pelo sucesso extraordinário.

Lembre-se: também é importante que as afirmações não se oponham ao seu sistema atual de crenças. Elas devem estar de acordo com ele para depois fazê-lo evoluir e expandir enquanto supera os seus medos. É preciso abrir a mente para as novas possibilidades gradualmente a fim de que o cérebro acredite nelas. Isso significa que é preciso usar a lógica com base na verdade combinada ao processo predeterminado para levar você a resultados tangíveis.

As afirmações da Equação do Milagre permitem aprimorar sua identidade ao determinar, articular e reforçar as crenças e comportamentos que se alinham à identidade de *Mestre dos milagres*. Elas são feitas para programar o subconsciente com *fé inabalável* e direcioná-lo a fazer o *esforço extraordinário* necessário para criar resultados tangíveis e mensuráveis.

168 A EQUAÇÃO DO MILAGRE

Em resumo, as afirmações da Equação do Milagre vão trazer dois resultados:

- Atualizar e reprogramar o **subconsciente**, minimizando ou eliminando eventuais conflitos que estejam atrapalhando você, além de instilar ativamente a *fé inabalável* necessária para conquistar tudo o que deseja.

- Direcionar o **consciente** para as atividades que você considera mais importantes e mantê-lo envolvido no *esforço extraordinário* necessário de modo a fazer seus maiores objetivos passarem de possíveis a prováveis e depois inevitáveis.

Agora, vamos ao processo passo a passo para criar e aplicar afirmações da Equação do Milagre práticas e orientadas a resultados, além de preparar a mente a fim de criar milagres tangíveis e mensuráveis.

Primeiro passo: começar pelo Mantra milagroso

Você se lembra do Capítulo 7, no qual teve a oportunidade de criar o Mantra milagroso, frase que encapsula o compromisso com a sua missão, com a manutenção da *fé inabalável* e a realização do *esforço extraordinário* por um longo período de tempo até transformar seu milagre em realidade.

O Mantra milagroso também é a ferramenta principal para aplicar e manter a Equação do Milagre, por isso é importante incorporá-lo a suas afirmações. Quanto mais você repetir algo para si mesmo, mais a ideia vai ficar profundamente arraigada.

Ação: Pegue seu diário ou celular ou abra seu processador de texto favorito e comece a escrever suas afirmações com o Mantra milagroso.

Modelo: *Eu me comprometo a manter a* fé inabalável *na minha capacidade de* _____ *[inserir sua missão do Capítulo 6] e vou continuar fazendo um* esforço extraordinário *até conseguir, não importa o que aconteça. Não há outra opção.*

COMO MANTER OS MILAGRES   169

Segundo passo: articular por que sua missão é profundamente significativa

Lembre-se: sua missão não precisa mudar o mundo, embora isso seja possível. Ela pode ser grande ou pequena, fácil ou complicada, como você desejar. O segredo é ser significativa para você. Essa importância (o seu *porquê*) servirá de bússola, por isso é crucial lembrar-se dela todos os dias, o que as afirmações farão por você.

O elo perdido entre querer e conseguir geralmente está na potencialização, e o seu porquê profundamente significativo fornecerá isso. Como diz o meu bom amigo Jon Vroman: "Quando o seu porquê tem coração, o seu como ganha pernas." Frequentemente definimos objetivos porque desejamos conquistar ou melhorar algo, mas, assim que o objetivo dessa conquista ou melhora fica difícil, voltamos ao nosso porquê (ou à falta dele). Se o porquê for fraco ou, pior ainda, se não houver clareza sobre o motivo de trabalharmos para conquistar um objetivo, pode ser fácil desistir. Por outro lado, se o porquê for altamente importante e significar mais do que tudo no mundo para nós, então vamos enfrentar qualquer desafio e fazer todo o necessário para conquistar nosso(s) objetivo(s), não importa o que aconteça. Não há outra opção.

Ação: articule por que sua missão é profundamente significativa para *você*. O porquê é o motivo (ou os motivos) pelo qual você se compromete com a missão e a trabalhar *até* ela se transformar em realidade. O porquê profundamente significativo é o benefício (ou benefícios) mais importante que você terá com a busca e o cumprimento da missão. Pode ser o benefício intangível da *pessoa em quem você vai se transformar* ou algo tangível, como recompensa financeira, relacionamento reparado ou quilos perdidos.

Modelo: *O(s) motivo(s) pelo(s) qual(is) eu me comprometo com a minha missão é(são) [inserir o seu porquê profundamente significativo e o(s) benefício(s) mais importante(s) que você terá ao buscar e/ou cumprir sua missão.]*

170 A EQUAÇÃO DO MILAGRE

Terceiro passo: solidificar o *esforço extraordinário* e fazer a conquista de sua missão ser inevitável comprometendo-se com o seu processo (sem se apegar emocionalmente aos resultados).

Esta etapa ajuda a aliviar uma preocupação muito comum: "Mas de que jeito eu vou conseguir isso?", além de fornecer a lógica de que seu cérebro precisa para acreditar que o objetivo é possível e definir sua expectativa para o *esforço extraordinário*. Pense nessa etapa como a ponte que liga o desejo à criação.

Ação: escreva o seu processo, composto pelo(s) principais passo(s) que você determinou que será(ão) necessário(s) para cumprir a missão, e não deixe de incluir *quando* você se compromete a fazê-los. Deixe isso o mais claro e conciso possível. O ideal é que você faça apenas uma ação mensurável de modo consistente para não ficar sobrecarregado. Inclua também a frequência e quando você vai começar e terminar o seu processo todos os dias.

Modelo: *Para garantir que a conquista da minha missão seja inevitável, eu me comprometo com o processo de _____ [inserir seu processo] em _____ [datas e horários], sem me apegar emocionalmente aos resultados.*

Quarto passo: estabelecer o Merecimento esclarecido

Lembre-se de que os *Mestres dos milagres* vivem com a seguinte mentalidade: eles *podem* conquistar tudo o que desejam, *vão* conquistar tudo o que se comprometem a fazer e *merecem* tudo o que estão dispostos a trabalhar para conquistar. Desenvolver as qualidades de um *Mestre dos milagres* inclui gerar a sensação de merecimento que vai alimentar sua *fé inabalável* e, por sua vez, o *esforço extraordinário*. As afirmações da Equação do Milagre vão ajudá-lo a estabelecer e reforçar o Merecimento esclarecido para sentir que realmente merece tudo o que deseja para sua vida.

Ação: Lembre-se da verdade universal de que você é tão digno, merecedor e capaz de conseguir tudo o que deseja (e se compromete a conquistar) quanto qualquer outra pessoa na Terra.

> **Modelo:** *Eu me comprometo com a minha missão e a viver todos os dias como um* Mestre dos milagres, *pois sei que sou tão digno, merecedor e capaz de criar milagres tangíveis e mensuráveis e conquistar tudo o que desejo quanto qualquer outra pessoa na Terra.*

Você pode copiar esses modelos ou modificá-los conforme desejar. Tenha em mente que todos reagimos de modo diferente a determinadas palavras e frases com base em identificações pessoais, então é importante prestar atenção à linguagem utilizada. Ela deve ser inspiradora, e você precisa se identificar com ela. O mesmo vale para todos os passos listados. Por exemplo, caso chamar a si mesmo de *Mestre dos milagres* pareça estranho, tudo bem (embora sempre pareça estranho falar de si mesmo de outra forma no começo). Você pode trocar a linguagem por "Eu me comprometo a viver todos os dias como a melhor versão de mim mesmo", substituir "tudo o que eu quero" por "a vida dos meus sonhos" ou trocar "milagres" por "resultados." Use a linguagem que funcionar melhor para você.

Quinto passo: recitar as afirmações da Equação do Milagre (com emoção) todos os dias.

Muita gente não mantém o compromisso com esse passo, que é o mais importante. Essas pessoas passam muito tempo criando as afirmações para que as palavras capturem a nova identidade, a missão e o processo e não seguem em frente, do mesmo jeito que não seguem uma dieta ou resolução de ano-novo. É da natureza humana: quando a empolgação inicial ou "novidade" se esgota, ficamos tentados a desviar o foco para algo novo e mais estimulante. Isso costuma ser a nossa derrota.

O segredo para criar milagres é a consistência. Você precisa se comprometer o máximo possível para chegar à vida que sempre desejou. E não existe jeito mais fácil de iniciar a jornada do que se comprometer a recitar as afirmações da Equação do Milagre todos os dias. Indo um passo além, vale a pena recitar as afirmações com emoção. Isso ajuda o cérebro a fazer corresponder o seu humor atual ao humor desejado. Você não está mentindo para si mesmo, está apenas mostrando ao cérebro o que deseja sentir com mais frequência. Você precisa "assimilar" totalmente as informações.

172 A EQUAÇÃO DO MILAGRE

Embora seja possível entender algo *em termos intelectuais*, não entendemos de verdade até assimilarmos *emocionalmente*. Nós passamos de entender algo em termos conceituais ou lógicos a *sentir* a emoção. Por exemplo, quando seu parceiro amoroso reclama sobre algo que o (a) está chateando (estou falando como homem aqui), embora possamos ouvir o que a outra pessoa está dizendo e entender em nível intelectual, nem sempre assimilamos. Se a mesma pessoa começar a chorar e você vir, ouvir e às vezes sentir a dor dela, vai "assimilar" em nível emocional.

Ao recitar suas afirmações, sinta a verdade no que está dizendo. Quando afirmar o compromisso de viver todos os dias como *Mestre dos milagres*, com *fé inabalável* e *esforço extraordinário*, respire fundo e, ao inspirar, sinta a nova identidade tomar conta de você. Pense na aparência dela, no som, e em como você se sente com ela. Isso vai ajudar a vivenciar a nova identidade tanto em termos intelectuais quanto emocionais.

Ação: A consistência é crucial para a Equação do Milagre. Ela começa quando recitamos as afirmações todos os dias para manter e expandir nossa mentalidade ilimitada, sempre mantendo o foco no processo. Eu acho mais fácil ter um horário consistente para recitar as afirmações da Equação do Milagre. Pode ser antes de dormir, de manhã após escovar os dentes ou durante o *Milagre da manhã*, quando você fizer a prática de desenvolvimento pessoal no início do dia. Basta acrescentá-la à rotina diária. E lembre-se de sentir a verdade no que está recitando. Se puder, mantenha esse sentimento o máximo possível. Eu gosto de meditar logo após recitar minhas afirmações e usar esse tempo para absorver totalmente a mentalidade e as emoções criadas por elas. Isso vai aprofundar o impacto das Afirmações da Equação do Milagre em sua vida.

Material para download: baixe uma página de Afirmações da Equação do Milagre [em inglês] incluindo todas essas etapas em www.tmebonuses.com

> ## Afirmações da Equação do Milagre
>
> 1. Eu me comprometo a manter *fé inabalável* na minha capacidade de [inserir sua missão do Capítulo 6] e continuar fazendo um esforço extraordinário até conseguir. Não importa o que aconteça. Não há outra opção.
>
> 2. O(s) motivo(s) pelo(s) qual(is) eu me comprometo com a minha missão é [inserir o seu porquê profundamente significativo e o(s) benefício(s) mais importante(s) que você terá ao buscar e/ou cumprir sua missão].
>
> 3. Para garantir que a conquista da minha missão seja inevitável, eu me comprometo com o processo de _____ [inserir seu processo] em _____ [data e hora], sem me apegar emocionalmente aos resultados.
>
> 4. Eu me comprometo com a minha missão e a viver todos os dias como *Mestre dos milagres*, pois sei que sou tão digno, merecedor e capaz de criar milagres e conquistar tudo o que desejo quanto qualquer outra pessoa da Terra.

Exemplo pessoal: Vou compartilhar com você a versão atual de uma das minhas Afirmações da Equação do Milagre. Você vai observar que algumas palavras são ligeiramente diferentes do modelo, pois é importante usar uma linguagem com a qual você se identifique (como expliquei algumas páginas atrás). Estou sempre editando e atualizando minhas afirmações enquanto vou aprendendo, crescendo e ganhando novas perspectivas:

174 A EQUAÇÃO DO MILAGRE

1. Eu me comprometo a manter *fé inabalável* na minha capacidade de ficar longe do câncer e ter uma vida longa e saudável (para chegar aos 100 anos, quando Sophie terá 70 anos e Halsten, 66), e vou continuar fazendo o *esforço extraordinário* todos os dias pelo resto da vida, não importa o que aconteça. Não há outra opção.

2. O(s) motivo(s) pelo(s) qual(is) eu me comprometo com esta missão são: estar vivo para influenciar positivamente Sophie e Halsten e dividir minha vida com Ursula. Isso significa mais para mim do que tudo no mundo.

3. Para garantir que eu tenha uma vida longa, saudável e passe dos 100 anos, vou manter o compromisso com o processo de seguir os meus protocolos holísticos anticâncer (diariamente), combinados aos tratamentos alopáticos, a fim de ampliar os benefícios de ambos para salvar minha vida.

4. Eu me comprometo com a minha missão e a viver todos os dias como *Mestre dos milagres*, pois sei que sou tão digno, merecedor e capaz de ter uma vida longa e saudável e passar dos 100 anos com minha família quanto qualquer outra pessoa na Terra.

FAZER AS AFIRMAÇÕES EVOLUÍREM AO LONGO DO TEMPO

É preciso editar e atualizar suas afirmações conforme o necessário para ficarem de acordo com sua identidade e objetivos, que sempre mudam. À medida que você cresce e evolui, as suas afirmações precisam fazer o mesmo. E, à medida que conseguir criar milagres tangíveis e mensuráveis, você terá que desenvolver afirmações para seus novos objetivos e missões. Com o tempo, desenvolver as afirmações será praticamente natural. Com a experiência você vai saber o que escrever, o que funciona melhor para você e como usar as afirmações para manter a *fé inabalável* e o *esforço extraordinário* a fim de conquistar cada novo objetivo que surgir.

Sendo realista, todos nós temos muita reprogramação para fazer. São muitos anos de crenças limitantes e conflitos internos para resolver e medos a superar. Eu recomendo escrever afirmações para cada área da vida, que também podem incluir objetivos específicos que vão mudar dependendo de onde você deseja colocar o foco naquele momento específico. Algumas manhãs eu leio todas as minhas afirmações. Em outras, leio as que considero mais urgentes. Se estiver trabalhando para cumprir uma missão específica, faço questão de ler a afirmação relacionada a ela até conseguir cumprir essa missão.

Esta é uma lista dos meus temas básicos para afirmações. Tenho objetivos para cada um deles:

- saúde e forma física (incluindo continuar livre do câncer);
- missão e propósito;
- esposa;
- filhos;
- outros familiares;
- amigos;
- renda e independência financeira;
- desenvolvimento pessoal;
- espiritualidade;
- contribuição.

Além disso, existem infinitas formas de formular ou estruturar afirmações, e eu uso diversas variações dependendo do propósito. A fórmula passo a passo que acabamos de aprender é específica para aplicar a Equação do Milagre. Na forma mais simples, as afirmações são meros lembretes do que é mais importante para você. Um lembrete pode ser um objetivo importante, uma ação diária, uma sensação de fortalecimento, uma mentalidade fundamental, um valor, um propósito ou qualquer outra ideia que você deseje trazer à tona em sua mente. Você já deve ter ouvido a frase: "concentrar-se em algo faz

176   A EQUAÇÃO DO MILAGRE

com que o alvo do foco se expanda." As afirmações vão garantir que você direcione o foco e amplie as áreas mais importantes para você.

Por exemplo, uma das minhas afirmações diz: "Vou fazer algo hoje para deixar a vida da minha esposa incrível." Ao ler isso todas as manhãs, eu me lembro de ser proativo e praticar pelo menos uma ação para minha esposa a cada dia. Isso geralmente envolve algo simples, como lavar a louça, comprar flores, dizer o quanto eu a amo, deixá-la dormir até mais tarde ou fazer algumas tarefas para facilitar o dia dela. Às vezes é algo mais grandioso, como planejar férias ou fazer uma surpresa, levando as crianças para algum lugar e dando a ela um dia de folga. Seja o que for, a prática diária de ler as afirmações me lembra de fazer algo para agregar algum tipo de valor à vida da minha esposa. Você sabe o que dizem: "Se a sua esposa está feliz, sua vida é feliz."

Embora os objetivos e a missão mudem com o tempo, a sua identidade de *Mestre dos milagres* deve permanecer a mesma para que você continue criando milagres. Você terá que escolher a *fé inabalável* e o *esforço extraordinário* e travar o conflito interno de modo consistente para lembrar do poder que possui. Além disso, terá que se manter presente em relação ao motivo de seus objetivos serem profundamente significativos para você. Na forma que você acabou de aprender, as afirmações vão ajudar a conquistar tudo isso, exigindo apenas alguns minutos de sua atenção concentrada todos os dias.

Agora que você sabe exatamente como criar e usar as afirmações de *A Equação do Milagre* (reserve tempo na agenda para criá-las ou faça download do modelo), chegou a hora de reunir tudo o que aprendeu e praticar. No próximo capítulo, vou convidar você a participar do primeiro Desafio de *A Equação do Milagre* para mudança de vida em trinta dias. Como meu primeiro coach costumava dizer; "É aí que a borracha encontra o asfalto!"

Observação: se você tiver perguntas, quiser ajuda ou feedback enquanto escreve as afirmações de *A Equação do Milagre*, fique à vontade para publicá-las (em inglês) na comunidade *The Miracle Morning* em www.mytmmcommunity.com. Lá você vai encontrar mais de 150 mil indivíduos que pensam da mesma forma. Eles estão praticando esse tipo de afirmação e ajudando uns aos outros diariamente, e ficarão muito felizes em ajudar você também.

Capítulo 10

O DESAFIO DE *A EQUAÇÃO DO MILAGRE* PARA MUDANÇA DE VIDA EM TRINTA DIAS

Chegou a hora da sua primeira missão

"Esteja disposto a ficar desconfortável.
Sinta-se confortável com o desconforto.
Pode ser difícil, mas é um pequeno preço
a pagar para viver um sonho."

— PETER MCWILLIAMS, ESCRITOR

Imagine que você chegou ao fim da vida. Este é seu último dia na Terra. As suas conquistas já foram obtidas. Não há mais nada a fazer, tempo para crescer, para se desenvolver ou buscar objetivos. Você fez tudo o que podia ser feito nesta vida.

Agora vamos suspender mais um pouco a realidade e imaginar que a pessoa na qual você poderia ter se transformado, a versão que vive o seu potencial completo, entra no recinto. Você tem a sensação de conhecer essa pessoa desde sempre e fica totalmente tranquilo. Acontece uma breve conversa, o bastante para sentir como é essa sua versão Nível 10, com sua respectiva mentalidade, conquistas, contribuições e nível de realização. Essa versão viveu a vida ao máximo, deu tudo o que tinha, colheu as recompensas e está deixando esta vida tão realizada quanto qualquer outra pessoa.

178   A EQUAÇÃO DO MILAGRE

Agora, com base em sua trajetória atual, você acha que essas duas versões de si mesmo seriam muito parecidas ou bem diferentes?

É uma pergunta difícil, mas, se você for sincero consigo mesmo, é uma excelente forma de medir o quanto a sua vida é realizadora e produtiva no momento e o quanto ela pode melhorar. É triste passar pela vida sabendo que não está conquistando e/ou contribuindo com tudo o que poderia, mas muitos de nós caímos nessa armadilha. Mesmo se você já for bem-sucedido em uma ou mais áreas da vida, existe uma grande probabilidade de haver oportunidades para usar mais do seu potencial em outras áreas.

Este capítulo final oferece a oportunidade de colocar em prática tudo o que você aprendeu neste livro para chegar mais perto da versão Nível 10 de si mesmo. Em um mês, a Equação do Milagre ficará tão arraigada no seu consciente que você não precisará se esforçar para pensar nela. A equação vai fazer parte de você. A *fé inabalável* será a mentalidade padrão e o *esforço extraordinário* parecerá simples.

Os próximos trinta dias vão marcar uma jornada simples, porém transformadora que terminará quando você personificar a identidade de um *Mestre dos milagres* capaz de criar milagres tangíveis e mensuráveis em todas as áreas da vida.

OS OBSTÁCULOS MAIS COMUNS E COMO SUPERÁ-LOS

Como já mencionei, quero facilitar o máximo possível o caminho para você viver como *Mestre dos milagres*. Dificultar mais do que é necessário (o que muitas vezes acontece em nossa cabeça) é improdutivo e inútil, por isso vou abordar os obstáculos mais comuns agora e deixá-lo preparado para saber enfrentá-los se (ou quando) eles aparecerem.

O primeiro obstáculo que geralmente dá as caras são os *medos irracionais* (do fracasso, do sucesso, de mudança), que geralmente nos levam a procrastinar. Saiba que todos sentem medo e apreensão quando definem um objetivo significativo pela primeira vez. Quando ousamos nos aventurar

O DESAFIO DE *A EQUAÇÃO DO MILAGRE* **179**

fora da nossa zona de conforto, a sensação é sempre desconfortável. Fazer algo significativo, especialmente se você nunca fez algo assim, é assustador. Esses sentimentos são normais e esperados.

O que desejamos, contudo, é deixar que esta parte do processo seja rápida e indolor. Se você flagrar o cérebro entrando na resposta padrão ao estresse e tendo pensamentos negativos sobre o objetivo ou sobre si mesmo, respire fundo e recite o Mantra milagroso para concentrar novamente a atenção no que é possível e no que você se compromete a fazer em vez do que você tem medo. Lembre-se: você controla os seus pensamentos e consequentemente a sua realidade. Recitar as afirmações da Equação do Milagre todos os dias (um dos seus passos no Desafio de *A Equação do Milagre* para mudança de vida em trinta dias) também dará espaço ao cérebro para liberar os medos e manter o foco no que se comprometeu a fazer e no motivo desse comprometimento.

Se ainda estiver com medo ou empacado, convido você a reler o Capítulo 3 e identificar se está vivenciando algum dos quatro conflitos inerentes:

- Medo irracional da oportunidade × manter o *status quo*. *Você tem medo das oportunidades?*
- Merecimento mal direcionado × merecimento esclarecido. *Você sente que não merece?*
- Potencial dismórfico × potencial real. *Você não consegue enxergar sua verdadeira capacidade?*
- O mundo define você × você se define. *Você permite que outras pessoas o limitem?*

Entender o que impede o seu progresso é a primeira etapa para superar isso.

Outro obstáculo que tenho visto repetidamente com clientes e amigos que fizeram este desafio diz respeito a lidar com o apego emocional a resultados de curto prazo. Você se lembra do meu amigo que estava fazendo o processo de perder peso (restringir calorias e fazer exercícios físicos todos os dias), mas o ponteiro da balança não descia? O apego emocional quase o fez desistir até ele perceber que estava mantendo o peso, mas reduzindo a porcentagem de gordura corporal. O esforço dele estava dando resultado.

Pense em quanto tempo eu fiz um *esforço extraordinário* para promover *O milagre da manhã* antes de ter um aumento significativo nas vendas. Eu continuei comprometido com o processo: fui entrevistado em mais de cem podcasts, fiz mais de cinquenta episódios dos meus podcasts, apareci em uma dúzia de programas de televisão matinais e fiz muito mais até as vendas do livro finalmente decolarem. Se eu tivesse me apegado emocionalmente aos resultados de curto prazo (que eram medíocres), teria desistido no segundo, quarto ou décimo segundo mês e definitivamente não teria chegado ao décimo oitavo. Felizmente eu entendi que, se há um verdadeiro segredo do sucesso, é: *Mantenha o compromisso com o processo, sem se apegar emocionalmente aos resultados.* Todo resultado é precedido de um processo, e, desde que você mantenha o compromisso com esse processo por um longo período de tempo, o sucesso será inevitável.

Outro obstáculo é a *impaciência.* Vivemos em um tempo e uma cultura de gratificação imediata. Podemos entrar em contato com amigos instantaneamente por mensagem de texto, acessar qualquer tipo de mídia com poucos toques no telefone e até comprar sapatos novos ou abastecer a despensa e receber os produtos em casa no mesmo dia. O valor da paciência está sendo esquecido.

Contudo, quando se trata de criar milagres, a paciência é um componente crucial. Alguns milagres levam tempo para serem conquistados. Se você decidir escrever um livro, por exemplo, isso não vai acontecer em uma tarde (a menos que seja um livro bem curto). Vai exigir persistência, mesmo se você tiver calculado quantas palavras precisa escrever por dia para terminar em uma determinada data. Todos os livros que escrevi, incluindo este, levaram mais tempo do que o previsto originalmente para ser finalizados. Levei seis anos para escrever o primeiro livro, três anos para o segundo e seis meses para este aqui (após ter dito ao editor que o terminaria em três).

A impaciência vai aumentar o nível de estresse e dificultar a capacidade de manter o compromisso com o processo. A impaciência vai acabar com a criatividade, prejudicar a concentração e piorar a capacidade de resolver problemas que será necessária pelo caminho. Se você perceber que está impaciente e preocupado por não ter conquistado o objetivo ainda, lembre-se de que este é um projeto de longo prazo, e isso é um modo de vida.

Agora que você está armado com as estratégias e informações necessárias de modo a superar alguns obstáculos comuns para virar um *Mestre dos milagres*, vamos para o Desafio de *A Equação do Milagre* para mudança de vida em trinta dias.

O DESAFIO DE *A EQUAÇÃO DO MILAGRE* PARA MUDANÇA DE VIDA EM TRINTA DIAS

Material para download: baixe o manual do Desafio de *A Equação do Milagre* para mudança de vida em trinta dias em www.tmebonuses.com.

O Desafio de *A Equação do Milagre* para mudança de vida em trinta dias é composto por seis passos. Três deles talvez já tenham sido dados durante a leitura deste livro. Se for o caso, parabéns: você já está com meio caminho andado no desafio! Se não foi possível reservar tempo para fazer os três primeiros passos porque você se empolgou e continuou lendo (não julgo, porque faço o mesmo o tempo todo!), é melhor revisar os passos a seguir e depois reler o capítulo correspondente para terminar os passos agora.

O Desafio de *A Equação do Milagre* para mudança de vida em trinta dias

Preciso fazer uma revelação: esta é a primeira vez que o Desafio de *A Equação do Milagre* para mudança de vida em trinta dias está sendo apresentado ao mundo, portanto não tenho muitos exemplos para dividir com vocês. Contudo, o Desafio de *A Equação do Milagre* para mudança de vida em trinta dias foi criado a partir do Desafio de *O milagre da Manhã* para transformação de vida em trinta dias, que já foi feito por centenas de milhares de pessoas no mundo inteiro, com resultados espantosos.

Em apenas trinta dias, veja o que Dawn Pogue, de Ontário, Canadá, conquistou:

- parou de fumar (trinta dias longe do cigarro);
- fez exercícios físicos todos os dias (trinta dias de treinamento no elíptico);
- largou a cafeína (trinta dias sem café);
- entrou em forma (perdeu cinco quilos e 106 centímetros);
- reconstruiu a confiança.

Gillian Perkins, de Salém, Oregon, conseguiu:

- ler três livros;
- expandir sua empresa em trinta por cento;
- economizar 5 mil dólares [cerca de 20 mil reais] para dar entrada em mais um imóvel;
- fazer exercícios físicos três vezes por semana;
- diminuir o percentual de gordura corporal de 36 para 23 por cento;
- começar a escrever o primeiro livro;
- organizar e fazer uma limpeza profunda em toda a casa.

Georgios Griorakis, de Colônia, Alemanha, também teve muitas conquistas:

- escreveu e publicou três artigos em seu blog;
- correu uma meia maratona;
- seguiu um programa nutricional cuidadoso de modo consistente;

> - ouviu mais de vinte podcasts enquanto fazia exercícios físicos;
> - ficou mais confiante, persistente e disciplinado, além de sentir orgulho por ter completado o Desafio de *A Equação do Milagre* para mudança de vida em trinta dias com sucesso e de modo consistente.

Isso serve para mostrar como a vida pode mudar significativamente em apenas trinta dias. Agora é sua vez.

Primeiro passo: determinar a primeira missão.

Você se lembra do Capítulo 6, quando contei a história do compromisso com a missão de correr uma ultramaratona de 64 quilômetros porque odiava correr e queria conhecer e *me transformar* no cara que poderia fazer isso? Agora é sua vez. Qual é a *sua* ultramaratona? Que missão está tão longe da sua zona de conforto que você nem conhece a pessoa que precisava ser para cumpri-la, mas adoraria conhecer e se transformar nessa pessoa?

Para decidir a missão, olhe para todos os seus objetivos e pergunte a si mesmo: *Qual desses objetivos permitirá que eu me transforme na pessoa capaz de conquistar tudo o que desejo para minha vida?* A resposta para essa pergunta é a sua missão.

A missão deve motivar e empolgar você, mas pode intimidar/assustar um pouco (ou muito). Ela precisa ser significativa o bastante para tirá-lo do modo atual de viver e desafiadora o bastante para fazer você avançar suas habilidades até o próximo nível. Leve em conta os seus valores e o que é mais importante para você, pois a missão precisa ser profundamente significativa. Em seguida, determine um milagre tangível e mensurável que reflita o que você gostaria de amplificar em sua vida agora. Esta será a sua primeira missão.

184   A EQUAÇÃO DO MILAGRE

Segundo passo: predeterminar o processo

Ter clareza nos dá energia. Quando sabemos exatamente o que fazer e que isso vai nos deixar mais perto do resultado, a perspectiva do sucesso inevitável alimenta a motivação. Lembre-se de manter o seu processo o mais simples e prático possível.

Fazer uma tarefa por vez é sempre melhor. Se você ainda não definiu o processo, o primeiro passo será pesquisar e descobrir. Procure no Google artigos gratuitos relacionados à missão e pesquise na Amazon os livros mais bem-avaliados sobre o assunto. Se a sua missão envolve dominar uma habilidade ou virar especialista em algo, o processo inicial pode ser praticar e/ou aprender. Lembre-se: isto é um modo de vida.

Russell Simmons disse em livro *Do You: 12 Laws to Access the Power in You to Achieve Happiness and Success*: "Eu sei que algumas pessoas dizem 'Não tire os olhos do prêmio', mas eu discordo. Quando os olhos estão fixos no prêmio, você esbarra em tudo ao redor. Se você realmente quiser avançar, precisa manter os olhos no caminho." Nesse contexto, o caminho é o seu processo. Lembre-se: todo resultado é precedido por um processo, e a chave para a conquista consistente de objetivos é *manter o compromisso com o processo sem se apegar emocionalmente aos resultados*.

Terceiro passo: agendar tempo para recitar as Afirmações de *A Equação do Milagre* todos os dias

A repetição consistente (diária) é o único meio de abrir a mente para novas possibilidades. Você não pode recitar uma afirmação uma ou até dez vezes e esperar que ela transforme o seu pensamento. É como fazer exercícios físicos: é preciso se exercitar de modo consistente e por um longo período de tempo para colher os resultados. A fim de substituir o medo pela fé e garantir que a fé continue inabalável, será preciso reforçá-la todos os dias. Então, pegue sua agenda agora e crie um compromisso recorrente de recitar suas afirmações. Essa etapa dura apenas alguns minutos, e depois dela você poderá seguir com sua rotina.

Quarto passo: agendar o seu processo e se responsabilizar por ele

O *esforço extraordinário* é uma questão de *consistência*, de realizar o processo predeterminado e fazer pelo menos uma atividade por dia que permita o cumprimento de sua missão. Tenho um compromisso recorrente de sessenta minutos na agenda todas as manhãs chamado "Hora da missão" para garantir que eu avance em minha prioridade máxima antes de qualquer outra atividade. Talvez para você seja melhor trinta ou sessenta minutos de cinco a sete dias por semana, de manhã ou à noite, antes ou depois do trabalho. Ou podem ser quatro horas no sábado e outras quatro no domingo, antes de passar um tempo com a família ou relaxar sozinho. Agende o processo para quando a energia e a capacidade de concentração estiverem no auge e você estiver no seu melhor. Para mim, é de manhã. Meu cérebro não funciona muito bem à tarde.

Antes de sair desta etapa, fale com a pessoa (ou pessoas) na sua vida que vai responsabilizar você para dividir com ela o compromisso e definir como ela vai monitorar o seu progresso (com verificações diárias ou semanais) e a forma de contato. Nesse momento o compromisso começa a se estabelecer, então pense bem nessa etapa e veja se o tempo que você agendou é razoável e consistente.

Quinto passo: avaliar o processo e sua evolução diariamente

Embora não seja bom se apegar aos resultados de curto prazo, você definitivamente quer ter consciência deles. Às vezes precisamos modificar o processo ao longo do caminho. Em outros momentos, vale a pena refletir sobre o próprio progresso. Eu recomendo fazer uma prática diária de *escrita* para se conscientizar da missão, além de manter o ritmo do progresso. Algumas pessoas gostam de fazer isso de manhã para refletir sobre o dia anterior, enquanto outras preferem escrever à noite, após as atividades do dia. Pense no que será mais eficaz para você.

Algumas perguntas para começar podem ser:

1. Qual foi a minha maior vitória nas últimas 24 horas?
2. Eu fiz o meu processo?

A EQUAÇÃO DO MILAGRE

3. Qual foi a área em que tive maior progresso?
4. Existe algo que eu poderia ter feito melhor ou de outra forma?
5. Que lições aprendi até agora?
6. Preciso fazer algum ajuste ou mudança no meu processo?
7. Existe outra pessoa que eu possa procurar para obter conselhos ou feedback?

Material para download: as perguntas listadas acima (e muitas outras) estão no manual do Desafio de *A Equação do Milagre* para mudança de vida em trinta dias, que pode ser baixado em www.tmebonuses.com.

Sexto passo: avaliar a experiência ao término de cada missão.

Uma característica em comum entre indivíduos e equipes de sucesso é reservar um tempo após o fim de um projeto para refletir sobre as lições aprendidas que eles podem usar mais adiante. Como você já sabe, todos os objetivos são importantes, mas o maior valor que você pode obter deles são as qualidades e características desenvolvidas (isto é, a pessoa na qual você se transforma) durante o processo. Registrar e depois integrar o que você aprendeu pelo caminho para conquistar seu objetivo é fundamental para ser um *Mestre dos milagres*.

Aqui estão mais perguntas para começar:

1. Alcancei meu objetivo?
2. Existe algo que eu poderia ter feito melhor ou de outra forma?
3. O que aprendi com isso?
4. Que mudanças eu poderia fazer para a próxima Missão milagrosa?

ANTES DE IR

Enquanto se prepara para a primeira missão, saiba que você já tem tudo de que precisa para viver como *Mestre dos milagres* e criar a vida mais extraordinária que pode imaginar. Na verdade, você sempre teve a capacidade

O DESAFIO DE *A EQUAÇÃO DO MILAGRE* **187**

interior. Apenas tentei jogar um foco de luz sobre ela. Espero que você tenha aprendido o necessário durante o tempo que passamos juntos e desejo muito sucesso em sua primeira missão e nas que estão por vir. Agora, faltam apenas duas decisões para que seus maiores objetivos passem de possíveis a prováveis e depois a inevitáveis. É hora de criar milagres.

Conclusão

O QUE VOCÊ VAI FAZER AGORA?

"Agora não é o fim, nem o começo do fim.
Mas talvez seja o fim do começo."

— WINSTON CHURCHILL

Nós abordamos muitos assuntos durante o tempo que passamos juntos, e eu gostaria de reconhecer isso e agradecer a você por chegar até o fim, o que significa que você está muito mais perto do início da sua jornada. Tentei desconstruir os milagres mostrando como eles podem ser práticos e como essas conquistas podem ser realistas. Apesar da opinião de muita gente e até do que você pode ter pensando quando pegou este livro pela primeira vez, não há mistério algum em milagres, pelo menos não no tipo de milagre tangível e mensurável que você vai identificar e criar.

Ao seguir a Equação do Milagre e usar as estratégias adicionais mencionadas aqui, a criação de milagres de modo contínuo vai virar o seu modo de vida. Desde que você mantenha as duas decisões explicadas neste livro, o sucesso será inevitável e você vai descobrir que todos os seus desejos são possíveis. Sei que é uma grande promessa, mas eu vi isso acontecer muitas vezes para acreditar em algo diferente.

Fui abençoado com oportunidades para superar desafios que ameaçaram a minha existência e criei a vida que sempre desejei graças ao compromisso

190 A EQUAÇÃO DO MILAGRE

inabalável de viver de acordo com a Equação do Milagre por quase vinte anos. Também tive o privilégio de participar dos milagres de outras pessoas ao vê-las superar conflitos internos para ir além do que acreditavam ser impossível. Isso não aconteceu por meio de magia ou apenas olhando para um quadro de visualização, mas tomando e mantendo as mesmas duas decisões que as pessoas de maior sucesso e desempenho do mundo: *fé inabalável* e *esforço extraordinário.*

Você pode ter a mesma experiência. É possível criar mudanças extraordinárias em sua vida e mais rápido do que imaginou. Nos próximos trinta dias você pode superar os medos, dúvidas e conflitos internos que atrapalharam o seu progresso. Você tem o poder de manifestar o que antes considerava impossível. Não existem limites. A vida que você deseja *e se dispõe a criar* é sua por direito.

Fazer seus maiores objetivos passarem de possíveis a prováveis e depois a inevitáveis não é uma questão de "se isso acontecer". Você vai acabar conseguindo. Quando você aplica a Equação do Milagre, a maior variável é o *tempo* necessário para cumprir sua missão. Costuma levar mais tempo do que imaginávamos ou esperávamos, mas as recompensas sempre fazem o esforço valer a pena.

Sempre que desejar um progresso maior do que o atual ou comparar o seu avanço com o de outra pessoa, lembre-se: quando você finalmente chegar ao resultado que trabalhou tanto para conseguir, dificilmente vai desejar que tivesse acontecido antes. Você vai perceber que a jornada e o momento da conquista foram perfeitos e os desafios e obstáculos se mostraram necessários para o seu crescimento. Por isso, não importa em que etapa você esteja agora, fique em paz com o seu progresso. Manter uma noção de urgência saudável para avançar a cada dia vai garantir suas conquistas. Você *vai* chegar lá, e será no momento certo.

Se você ainda se lembra da Introdução, o milagre que estou comprometido a conquistar com este livro é *elevar a consciência da humanidade, uma pessoa de cada vez.* Embora eu imagine que isso tenha feito você revirar os olhos quando leu pela primeira vez, espero que agora você entenda que essa missão é possível. Vou continuar a aplicar a Equação do Milagre todos os dias para conquistar esse objetivo até sentir que consegui. É simples assim. Sei que ao longo do tempo essa missão vai passar de possível a provável e depois a inevitável. *Não há outra opção.*

E você? Já decidiu qual a sua primeira missão? Está preparado para o seu Desafio da Equação do Milagre para mudança de vida em trinta dias?

Enquanto isso, recomendo pensar além de si mesmo. Claro que é ótimo criar milagres relacionados a objetivos individuais (e eles são importantes), mas não se esqueça da visão geral. Agora que você sabe criar milagres tangíveis e mensuráveis, tem uma responsabilidade em relação aos milagres que escolher criar. Olhe para o mundo ao redor. O que está faltando? O que você gostaria de ver mais? Onde você pode deixar sua marca pessoal e inigualável? Qual será o seu legado? Sim, comece com você e sua família, mas depois passe para sua comunidade e cresça a partir daí. Como *Mestre dos milagres*, seu potencial de afetar os outros também é ilimitado, e essa é uma responsabilidade da qual nenhum de nós deve abrir mão.

Como você já sabe, viver de acordo com duas decisões simples abre um novo paradigma de possibilidades, e cabe a você decidir quais possibilidades você se compromete a transformar em inevitáveis. Nenhum objetivo, sonho ou missão é grande demais, pois você não pode fracassar. Você pode apenas aprender, crescer e ficar melhor do que já foi. Eu mal posso esperar para saber quais foram os seus milagres.

AGRADECIMENTOS

Se uma aldeia inteira é necessária para criar uma criança, talvez duas sejam necessárias para escrever um livro. Quero expressar minha sincera gratidão às seguintes pessoas que compõem a minha aldeia:

Minha esposa para toda a vida e mulher dos meus sonhos, Ursula. Você é a esposa, mãe e pessoa mais incrível com a qual eu poderia dividir minha vida. O seu apoio incondicional permite que todos os meus sonhos sejam possíveis. Meu coração pertence a você, desde que prometa dividi-lo com as duas pessoas a seguir:

Nossos filhos, Sophie e Halsten. Vocês me inspiram, e ambos são mais importantes do que tudo no mundo para mim.

Meus pais, Mark e Julie. Se eu pudesse voltar no tempo e escolher quaisquer pais, eu ficaria com vocês! Sou a pessoa que sou hoje graças ao seu amor e influência incondicionais.

Minha irmã, Hayley, por sempre acreditar em mim e ser alguém que eu amo e respeito profundamente.

Tiffany Swineheart, minha diretora de operações. Não existem palavras para expressar o quanto você acrescentou à minha vida e o quanto eu gosto de você. Você é a melhor, Tiff.

Jon Berghoff, meu amigo e sócio. Quando eu estava no hospital lutando contra o câncer, você ajudou a mim e à minha família de várias formas. Amo você, cara.

194 A EQUAÇÃO DO MILAGRE

Honorée Corder, minha amiga e também criadora da série de livros *O milagre da manhã*. Quando eu estava no hospital lutando contra o câncer, você foi uma das pessoas que ajudaram a mim e à minha família (acho que publicou dois livros da série!). Amo você, HC!

John Maas e Celeste Fine, meus agentes incríveis na Sterling Lord Literistic, pela *fé inabalável* e *esforço extraordinário* para transformar este livro em realidade.

Emily Klein, por manter o meu cérebro com TDAH concentrado e transformar minha inspiração muitas vezes incoerente em conceitos para os leitores deste livro.

Diana Baroni e a equipe da Penguin Random House, por acreditar na Equação do Milagre e mostrá-la ao mundo.

A todos os integrantes da Comunidade de *O milagre da manhã*, por acordar diariamente para realizar seu potencial e ajudar uns aos outros a fazer o mesmo. Juntos, nós elevamos a consciência da humanidade, uma manhã de cada vez. Amo todos vocês!

Este livro foi composto na tipografia Minion
Pro, em corpo 11/16, e impresso em papel
off-white no Sistema Cameron da
Divisão Gráfica da Distribuidora Record.